U0152069

習作新視窗

劉寶珠◎著

目 錄

陳序

　　辭章是結合「形象思維」與「邏輯思維」而形成的。這兩種思維，各有所主。一般說來，如果是將一篇辭章所要表達之「情」或「理」，訴諸各種主觀聯想，和所選取之「景（物）」或「事」接合在一起，或者是專就個別之「情」、「理」、「景」（物）、「事」等材料本身設計其表現技巧的，皆屬「形象思維」；這涉及了「立意」、「取材」與「措詞」等問題，而主要以此為研究對象的，就是主題學、意象學與修辭學等。如果是專就「景（物）」或「事」等各種材料，對應於自然規律，結合「情」與「理」，訴諸客觀聯想，按秩序、變化、聯貫與統一之原則，前後加以安排、佈置，以成條理的，皆屬「邏輯思維」；這涉及了「運材」、「佈局」與「構詞」等問題，而主要以此為研究對象的，就字句言，即文（語）法學；就篇章言，就是章法學。至於合「形象思維」與「邏輯思維」而為一，探討其整個體性的，則為文體學、風格學。

　　由於章法是屬於邏輯思維之範疇，講求者乃篇章之條理或結構，而此條理或結構，又對應於宇宙規律，是人生來即具存於心的，換句話說，章法乃「客觀的存在」，是與「文章同時出現的」。所以人類自有辭章開始，即毫無例外地被應用來安排篇章。雖然作者對此，大都是日用而不知、習焉而不察的，但無損於它的存在與重要性。經過多年的努力，在前人的有限基礎上，用「發現現象以求得通則、規律」的方式，爬羅剔抉，到目前為

止，一共確定了約四十種的章法類型，從而找出各自之哲學基礎與美感效果，並尋得四大規律加以統合，形成完整之體系，建立了一個新的學門。

既然章法講求的是篇章邏輯，而且已有了頗完整之體系，自然就可有效地運用在教學之上，尤其是「讀」與「寫」，更是如此。因為章法所關注者乃「篇章條理」。若從邏輯思維角度來看，這個「篇章條理」，可以說就是「聯句成節（句群）、聯節成段、聯段成篇的邏輯結構」。疏理了這種「邏輯結構」，既在「讀」的教學上，可收到凸顯義旨、辨明技法、掌握美感等效果；也在進行「寫」的教學時，無論是要命題、指引或批改、評析，都可循此切入，使學生熟練「謀篇佈局」的條理。而章法在國文教學上的重要性，也由此可見。

基於這種認識與需要，本書作者特地從諸多章法中，選擇最常見的「賓主法」、「因果法」與「正反法」，以「作文運材教學設計之研究」為題，在筆者指導下，進行研發，完成其碩士論文。不但提供了運用章法輔助作文運材教學設計之模式，也為「讀」與「寫」構築了一座橋樑，試著以章法切入來掌握課文運材的手段。這樣對整個國文教學而言，是有相當助益的。

為了適應讀者需求，本書特將原文大幅刪減，並以「習作新視窗」為名，和大家見面，希望能為習作教學打開新的視野，而獲得廣大的迴響。我們等待著大家的掌聲！

陳滿銘序於臺灣師大國文系

民國九十一年十一月五日

李序

　　中學教育雖因教材範圍之限制，讓人難有在學術上自由揮灑的成就與快感，但受教者卻是可塑性極高可視之為璞玉的青少年，其樂趣不在自我發揮，乃在精心開發一顆純樸的心靈並賦予創作的能力。

　　國文教學中我不喜歡試卷評閱的工作，因它有千篇一律的答案。我喜歡評閱文章，因它永遠不同，永遠有可期待的驚喜。

　　初為人師時，對於評閱作文的觀念當然是客觀的「批」與「改」，以致常為一字一詞適切與否，或為選用一句恰當的評語搜盡枯腸。爾後漸漸捨客觀的批與改，改採「對話」的方式，於是我發現每一篇文章皆有可對話之處，不論學生寫得如何，是長是短，是充實是空洞，甚至是故意亂扯。

　　藉著一篇篇文章而和幾十顆年輕的心對話，我發覺，我的教師生涯是何等豐富。探索幾十個不同的心靈所透露出來的訊息，這是多大的一個寶藏，即使是發自一個低劣意念所展現的惡意語彙，它也反映了一顆心深藏著不安的心思在蠢動著。適切的對話，將學生心緒思路引上真正屬於他自己的那條路時，作文就不再只是作文，而文學的意義就呈現出來了，面對這樣的呈現，我的感覺是新鮮的，是趣味的，更是莊嚴的。

　　這些年我就是生活在亦莊亦趣的情境氛圍中：我並且發現，學生的世代，是三年一換的，新的語彙、新的思想、新的價值、新的故事，永遠不會讓你有「日光之下無新事」的慨歎。執教三

十年，歲月悄悄地消逝，意外的發現，青春卻仍留心間。

我以這樣的生活自適自樂，甚且自傲自滿。

當拜讀了劉老師的大作，竟然發現，她早已默默地將同樣的豐富教學生活內容，如此有系統有條理地整理架構出來，讓我久久以為只可獨享的曝日之暄，亦是可以以這樣的方式來分享的。劉老師用心之細與深實在令我感佩。無怪乎夫子會慨歎「後生可畏，焉知來者之不如今也」。

近年大學入學方式改變，連帶作文測試方式亦改變，由「命題作文」演變出「引導作文」、「情境寫作」、「文章接寫」、「文章潤飾」……等等形式呈現。對此打破傳統，割裂完整思想的作法，我輩甚感適應不良，劉老師大作對此亦有深入精闢之分析探討，確實具有新人耳目之功。

劉老師青年早慧，才華畢現，爾後必當大有所為，樹德杏壇，余實為後輩學生幸。

國文科召集人　李遵信

民國九十一年九月三十日

自 序

在學術界或教育界,有諸多長輩,以他們的一生詮釋國文教學,當我面對他們的時候,彷彿正在閱讀一部又一部的國文教學經驗史。

作為一個後生晚輩的我,應該在這些表徵國文教學經驗史的長輩面前,謙虛地聆聽。此外,國文教學的領域裡頭臥虎藏龍,人才濟濟。個人的所知與才學,在濟濟人才的遼闊宇宙裡,猶如滄海一粟。但願自己永遠心存善念,將個人有限的所知與才學,奉獻給國文教學這片美好的園地。

在論文寫作上,特別感謝陳滿銘老師關鍵性的修正與指導,使整個研究能朝穩定而持續的方向前進。謝謝張春榮老師、蔡宗陽老師所提供的寶貴意見,張老師親切開朗的治學態度讓人如沐春風,蔡老師的學術功底令人欽佩。還有楊如雪老師,謝謝你們!

感謝恒毅中學的孩子們,以及慈大附中高三善解班林宜璇同學認識你們真好!文中所附的許多精采作品都是你們的傑作。

新世紀的教學設計需要媒體專家的協助。文本在教學媒體製作上,得力於恒毅中學媒體中心一群優秀、和藹、心地善良的電腦人。他們是賴永怡主任、郭曙年老師、鄭博文老師、伍宏麟老師、林奕光老師。還有筱菁,你的溫順寬容,往往讓我忘了你的科目屬性,謝謝你常常替我設想。謝謝陳肇蘭老師、江慧玲老師,以及圖書館申雯蓮老師、社會科莊淑玲老師、黃耀董老師、

許慧雅老師，協助我完成實驗教學的部分。美枝，你在週末假日，帶著孩子陪伴我在辦公室完成學業，與多年來好似親人般的關懷，我將永生難忘。蜀陵、瑞家、阿莊、淑玲、智宗和慰慈，謝謝提供許多重要的支持。因中星交換教師計畫而結識摯友靜修、志達，謝謝你們才華洋溢的砥礪。

最後希望遠在天上與星星相伴的親人，也能和愛護我的朋友一樣，共同分享這份作品。

劉寶珠

民國九十一年十月三十一日

第一章
◆
緒 論

第一節　研究動機

　　《天下雜誌》在一九九六年度特刊，以「海闊天空，教育台
灣」為主題，指出全世界都將教育視為是一切競賽的起點，無聲
的革命‧係學習的革命。兩年之後，《天下雜誌》再度推出年度
教育特刊，這次的主題是「跨世紀希望工程師」①，特刊中言及
三十年前開始實施九年國教，帶來台灣教育的「量變」，即將在
二〇〇一年推行的九年一貫新課程，將為台灣教育帶來「質
變」。②在教學設計上，殷允芃說：

> 　　上課方式由被動的按固定教材、趕進度，改為按課程綱領
> 及標準，由老師自行設計教材，教學也由老師單打獨鬥，
> 改為合科，由一群老師協同教學。這是一場重大的「寧靜」
> 革命。③

邁入二十一世紀的台灣，教學設計確實需要多樣化。傳統教材早
已施行多年，為適應時代需要，廢棄統一教材改由老師自行設計
教材與協同教學，有其試行的必要性。且開發合適的教材，必須
重視長期的課程發展研究。其過程必須在施行新的教學設計後，

群策群力進行再檢討與再開發，務使教學活動設計臻於完善。

袁行霈研究中國詩歌藝術時，曾說：

> 那些曾使古代詩人激動過的社會問題、道德問題，以及人
> 生和宇宙的奧秘，有些還能引起我們的共鳴，有些則已絲
> 毫不能引起我們的興趣了。④

此話係針對詩歌藝術的時代性問題而發。但如果將教學設計與此擺放在同一視點作考慮，對教學設計而言，現在我們所認為陳舊的、不合時宜的教學方式，在某個年代，都曾經是最新的、最前衛的教學方式，這是筆者從事教學設計時的體驗。此觀點與比林頓（Dorothy D.Billington）的看法相同：

> 我們今日所熟知的知識，明日都將可能變成無用之物。⑤

關於教學設計的變化性，我們可參考人工智慧這門科學中，一個很有名的亞述比法則（Ashby's Law）。這是由心理學家以及人工智慧學家亞述比（Ross Ashby）所發明，並且以他自己的名字命名。大衛‧布萊特在《課程設計：教育專業手冊》一書中根據亞述比法則，言及：

> 只有變化本身才能吸納其他的變化（Ashby，1956）。這
> 個意思是說，一個系統要維持本身的穩定性，只能藉由以
> 一系列充分變化的策略，以便處理進入系統的不同變化。
> 讓我們用實際的課堂上的例子來說明這個法則。一個典型

的三十個學生的班級，它會呈現出學生在學習動機、興趣、學習態度、自我概念、偏好的學習風格、以及社會背景等方面的大幅變化與差異。如果一位教師僅採取一種主要的教學方法，他將使大部分不適合此類學習方式的學生蒙受不利。因此，解決的方法在於，採用具廣泛變化的教學方式，而且是可行的。更進一步說，每個人都喜歡富有變化的東西，學生也不例外。⑥

開發教材是一項艱鉅的任務，教材的合適性存在於多樣化、活潑化的變化本身，依據亞述比法則，這種變化是學習者所喜愛的。因此，未來的教育工作者應該研發各種適材適性的教材教法。另一方面，這些教育工作者接受新事物的能力愈高愈好。同時，Vygotsky 認為：

> 最有效的教學法，應該顧及學習者之間的個別差異。因此，最好的教學法，不是以同一套用在學生身上。⑦

　　不過，我們所需思考的問題是：台灣許多現行的教學原理與課程設計，多半是移植屬性。未來作文教學設計，在變化的過程中，是否能夠開發出存在真實底層，結合華人文化孕育的深厚學理與華文實際教學，而讓新世紀的中學語文科作文教學，能植根在華人屬性的文化底層，穩健謙和、不卑不亢地吸收接納東西方教學原理的優點，而讓二十一世紀的中學語文科作文教學擁有另一番嶄新的風貌，完成這場寧靜革命？對教學設計而言，哪些學理是累積華人的文化深厚度發展出來的呢？這是我所關切的，也

是本文所要探討的重點。

　　筆者就讀師大國文研究所教學碩士班一年級期間，修習〈國文教學專題研究〉，接受陳滿銘教授章法理論的啟蒙。日後漸漸體會通過該理論的訓練，可釐清文學屬性學科模糊的灰色地帶，對研究生邏輯思考力的建立，裨益實多。因此，筆者便思索將章法學實際運用在中學作文教學上的可行方式，並經常思考如何讓中學生透過章法學的基礎訓練，靈活處理寫作素材。於是在民國八十九年八月，經由陳滿銘教授的大力協助，確立研究主題。筆者針對主題進行研究之時，發現一個深具趣味性的研究角度：我們可否發掘出一種理論，一種真正由華人文化孕育而出的教學理論，這種理論必須具備可發展、可開拓的系統性特色。再將這種理論運用在實際教學，讓孩子在各種移植屬性的教學方式之外，也有機會聆賞屬於華人學者研發而出的系統性教學理論，此為筆者撰寫本論文的動機之一。

　　大考中心研究員酈采芸於〈八十九年「語文表達能力測驗」試題淺析〉文中表示：

　　　語文表達能力測驗原本是針對跨學系的語文表達能力需求所設計，期望能從一般考生日常接近、可以感受的經驗及素材出發，進而達到提高學生重視語文表達能力的目的。⑧

這段話中的「日常接近、可以感受的經驗及素材」是作文運材的重要來源，而這來源對語文表達能力測驗而言，關係十分密切。又：

在 piaget 的觀念裡，發展直接決定於兒童與真實事物和事件之間接觸的日常活動與經驗。⑨

由此可見與作文運材有重要性關聯的「日常活動與經驗」，對成長所產生的深刻影響性。

另外，作文運材教學之各類探討在作文教學研究中的地位，實是不容置喙。但在龐大的作文教學研究領域中，對作文「運材」教學的探討，至今仍待開發，此為筆者撰寫本論文的動機之二。

過去，作文教學設計的理論往往被教育學院以外的師生所忽略，特別是中學作文教學設計的理論並未在國文系所裡被廣泛地研究。教育學院擁有為數可觀的作文教學相關主題研究，其研究方法與學院屬性關聯密切，因此大多採取科學性的步驟，較重視量化的分析研究。國文系所的學術屬性則強調質性研究，以詮釋性的方法作資料分析。因此作文教學設計在國文系所，如能開發質性與量化結合的學術研究領域，必能使學習者獲益良多。但是，這樣的研究要如何進行呢？此為筆者撰寫本論文的動機之三。

此外，筆者經常思索作文教學設計之理論如何能與教學實務相結合？就這方面來說，站在教學第一線的國文老師，他們擁有最寶貴的經驗法則。但是在中學作文的相關研究裡，這個重要族群的意見，似乎很少被學術研究者所重視，並納入論文研討。因此長久以來，筆者探求各種研究方法，希望在論文中納入老師的寶貴意見，以利作文教學設計之理論與實務經驗相結合。此為筆者撰寫本論文的動機之四。

大家在探討各項改良式聯招是否採計作文的同時⑩，但願此

次研究，能具拋磚引玉之效，並喚起一些教學問題思索。也透過
這次論文寫作，對個人的教學做一次深層的審視與檢討，讓後人
的作文教學設計有所憑據，希望以後的作文課，能夠走得更好。
敬祈　博雅君子不吝賜教指正。

第二節　研究方法與目的

　　章法學是台灣學者⑪所開發出的系統性教學理論，其本質植
根在華人屬性的文化底層，是累積華人文化深厚度孕育而出的理
論。本研究以章法學建構作文學習理論，並採用文獻回顧探討台
灣地區作文教學相關研究以及語文表達能力測驗。筆者相當重視
站在教學第一線的老師的意見，故以意見調查之方法，針對作文
教學，徵詢台灣地區一百五十位國文教師之意見，希望藉由老師
的實際教學體驗，客觀地審視反省當前的作文教學，並提出具體
建議。此外，課程標準是教學設計的重要依據，而非傳統作文訓
練又是近年來的熱門話題，所以本研究針對課程標準和非傳統作
文訓練探討作文教學。

　　因此本研究主要有五大目的：

　　一、嘗試由章法學之運材法，開發出協助學生寫作文章的作
文教學設計。

　　二、自語文表達能力測驗，找出協助學生寫作文章運用材料
之方法。

　　三、透過意見調查回顧當前的作文教學，以為作文運材教學
設計之參考。

　　四、以課程標準發展為本，探討現今作文教學設計之目的與

意義，提供作文教學設計，有關運材主題之發展方向。

　　五、由非傳統作文訓練以及各類型之作文教學設計，協助學生在寫作文章時，能靈活運用生活素材。

第三節　研究步驟與進程

　　本研究之構思醞釀期大約六年左右，真正確立研究主題與方向的時間是在民國八十九年八月。研究之實施步驟與進程如表1.3.1，可分為九個項次：

　　一、確立研究方向。

　　二、研究計畫撰寫及修改。

　　三、理論文獻的蒐集、閱讀與整理。

　　四、實施意見調查。

　　五、資料分析與判讀。

　　六、分析學校發展情境。

　　七、研擬教學設計。

　　八、進行實際教學。

　　九、研究報告的撰寫。

表 1.3.1 研究之實施步驟與進程

時間 項次	8908	8909	8910 至 8912	9001 至 9007	9008 至 9012	9101	9102	9103	9104	9105 至 9107
確立研究方向	█									
研究計畫撰寫及修改		█								
理論文獻的蒐集、閱讀與整理			█							
實施意見調查				█						
資料分析與判讀					█					
分析學校發展情境		█								
研擬教學設計			█	█	█					
進行實際教學					█	█	█	█		
研究報告的撰寫								█	█	█

　　「確立研究方向」之後，「研究計畫撰寫及修改」與「分析學校發展情境」同步進行。「理論文獻的蒐集、閱讀與整理」、「實施意見調查」、「資料分析與判讀」的完成歷程為階段性。由於教學情境與教學設計是否能夠順利執行關係密切，筆者在「研究計畫撰寫及修改」時，協同恆毅中學歷史科黃耀董老師、公民科許慧雅老師，分析學校發展情境，亦即對本論文作文運材教學設計的實施學校進行「SWOTS 學校情境分析」。希望透過分析學校內外在背景，靈活運用該校各項軟硬體設備、人力資源及周邊資源，便利各項教學設計的進行。「研擬教學設計」的施行歷程與「進行實際教學」、「研究報告的撰寫」，因同步進行而呈現重疊現象。

第四節　研究限制與範疇

　　基於教學設計與中學課程系統性之銜接考量，本論文將研究對象限定為中學生（國中生與高中生），此為研究限制之一。

　　教學活動是教學設計的靈魂⑫，本研究撰寫之作文教學設計，側重於作文教學與學習過程中，各項有關作文運材教學活動之開發與探討，不在於傳統教案（單元教學活動設計）編寫，此為研究限制之二。

　　作文教學的研究領域十分龐大，就文章作法而言，就包含有審題、立意、運材、布局、修辭、文法等範疇。其他諸如各類文體之寫作、批改、命題……種種作文教學之相關研究主題，不可遍數。作文教學研究也具跨領域的特性，它可能涉及修辭學、語言學、心理學、教育學、測驗統計學、研究方法等種種學門。故

本論文僅就作文的「運材」範疇做研究，此為本論文的研究範疇
之一。

在「章法學」方面，由於「章法學」的領域亦遼闊浩瀚，因
此本研究僅探析其與「作文材料」的相關範疇，並根據「材料的
來源」、「材料的性質」、「材料的使用」研發「作文運材教學設
計」。同時在「材料的使用」方面，本研究選用章法結構之三種
運材法：「賓主法」、「因果法」，以及「正反法」，進行教學設
計，至於其他的運材法如「順逆法」、「抑揚法」、「立破法」、
「問答法」、「平提側注法」、「凡目法」、「縱收法」等，不在本
研究討論範圍之內，此為本論文的研究範疇之二。

註　釋

(1) 天下編輯：《天下雜誌》1998 教育特刊（1998 年 11 月 18 日）。

(2) 殷允芃：〈有海闊天空的老師，才有海闊天空的未來〉，《天下雜誌》
　　1998 教育特刊（1998 年 11 月 18 日），頁 11。

(3) 同上註。

(4) 袁行霈：《中國詩歌藝術研究》（台北：五南圖書有限公司，1999 年 5
　　月初版三刷），頁 1。

(5) 此話原載於一九九三年春 new 雜誌。資料轉引自吉妮特・佛斯
　　（Jeannette Vos）與高頓・戴頓（Gordon Dryden）合著，林麗寬譯：《學
　　習革命》（台北：聯經出版事業公司，2001 年 2 月 1 日八刷），頁 72。
　　（原書書名：The Learning Revolution）。

(6) 大衛・布萊特：《課程設計：教育專業手冊》（台北：桂冠圖書有限公
　　司，2000 年 7 月初版一刷），頁 244。

(7) Guy R.Lefrançois 著，李茂興譯：《教學心理學》（台北：揚智文化事業

股份有限公司，1998 年 6 月初版一刷），頁 138。

⑧范曉雯等：《新型作文瞭望台》（台北：萬卷樓圖書有限公司，2001 年 9 月初版），頁 4。

⑨同⑦，頁 132。

⑩「教育部 2001 年教改檢討會部分具體建議案中，提出國中基本學力測驗採計作文。」《中國時報》第三版，2001 年 12 月 16 日星期日。原始資料來源：教育部。

⑪章法學理論係由陳師滿銘所提出，仇小屏、陳佳君、夏薇薇等人加以詮釋，相關著作及論文研究有《章法學新裁》、《章法學論粹》、《文章章法論》、《虛實章法析論》、《中國辭章章法析論》、《文章賓主法析論》等。

⑫饒朋湘：《行為目標・國民中學各科教學設計示例》（台北：中國視聽教育學會印行，1976 年 8 月 1 日初版），頁 10。

第二章

◈

作文教學理論

　　本章就「文獻回顧」、「台灣地區當前的作文教學」、「作文教學設計相關問題探討」，論析作文教學理論。

　　在文獻回顧上，主要以「台灣地區作文教學相關研究」、「作文教學重要參考書目舉要」、「從語文表達能力測驗的研究管窺各國語文運材方式」三個面向切入探討作文教學相關問題。在「台灣地區當前的作文教學」上，以「作文教學意見調查表」對台灣地區一百五十位國文老師進行意見調查，從中尋找作文運材教學設計的實務依據，並將教學設計的研發內容於本論文之第四章、第五章中提出。在「作文教學設計相關問題探討」上，以「教學設計的基本假設」、「良好的教學設計的要素」、「作文運材教學設計的意義與目的」，一窺作文教學的相關問題。

第一節　文獻回顧

一、台灣地區作文教學相關研究

　　本研究參照國家圖書館全國博碩士論文資訊網①、行政院國家科學委員會之中華民國博士論文摘要及碩士論文目錄、中華民國期刊論文索引所獲取之資訊以及鄭博真〈台灣地區寫作及其教學研究的回顧與展望〉②整理台灣地區寫作及其教學研究一覽

表，列舉台灣地區作文教學研究之相關文獻如表2.1.1。作品表列之各個項目，主要係依照鄭博真的研究。

表2.1.1 台灣地區作文教學相關研究論文一覽表

發表年代	論文名稱	作者	研究對象	研究方法	論文屬性
68	作文教學之探究	蔡榮昌	未限定	文獻分析法	高雄師大中文所碩士論文
71	兒童的人物、場景寫作能力評量研究總報告	王萬清	小一至小三	橫斷研究法	台灣省國民學校教師研習會研究報告
73	作文繪畫創造性教學方案對國小四年級學生創造力之影響	林建平	小四	實驗法	台灣師大教育心理與輔導研究所碩士論文
76	國小兒童作文常犯錯誤分析研究	孫麗翎	小一至小六	文章分析法	政大教育研究所碩士論文
76	看圖作文教學法與創造性主動作文教學法對國小學童早期作文發展之影響	李麗霞	小一	實驗法	七六年國小課程研究學術研討會單篇論文
77	同儕互動對國小學生寫作能力之影響研究	王萬清	小六	實驗法	台南師院初等教育學報第一期期刊論文

79	新竹縣國小教師實施作文教學之現況調查	李麗霞	國小教師	調查法	國教世紀第二十五期期刊論文
79	中區國小六年級學生記敘文寫作能力之分析及相關因素之研究	黃盛雄等人	小六	文章分析法、相關法	台中師院語文教育學系研究報告
80	教師引導討論與小組討論對兒童寫作能力之影響	王萬清	小六	實驗法	台南師院學報第二十四期期刊論文
80	寫作過程教學法對國小學童寫作成效之研究	蔡銘津	小五	實驗法	高雄師大教育研究所碩士論文
81	寫作教學研究——認知取向	張新仁	小五	實驗法	高雄復文書局出版之專著
81	寫作教學初學者之內容知識結構及其改變歷程研究	王萬清	寫作教師	無結構晤談法、放聲思考法	台灣師大教育心理與輔導研究所博士論文
81	小學生說話與作文產品之比較研究	柯華葳陳俊文	小三至小六	文章分析法	中正大學學報社會科單篇論文
81	國小學童寫作過程之研究	趙金婷	小五	觀察法、臨床晤談法、文獻調查法	高雄師大教育研究所碩士論文

82	大學生作文心理歷程	趙居蓮	大學生	放聲思考法	中正大學心理學系碩士論文
82	寫作之觀念產生歷程研究	羅素貞	大學生	實驗法	政大教育研究所碩士論文
82	活動式寫作教學法對國小兒童寫作表現與寫作歷程之實驗效果研究	陳鳳如	小五	實驗法	台灣師大教育心理與輔導研究所碩士論文
82	文章結構的提示與主題知識對兒童說明文寫作表現的影響	洪金英	小五小六	實驗法	政治大學教育研究所碩士論文
83	不同寫作能力國小學童之寫作過程研究	張新仁	小五	觀察法、晤談法、文章分析法	行政院國家科學委員會專題研究計劃成果報告
83	啟發式與創造性思考作文教學之研究	蔡雅泰 徐守濤 張麗麗	小四	實驗法	香港九四年國際語文教育研討會論文
84	創造思考教學對國小五年級學生作文能力之影響	劉瑩	小五	實驗法	台東師院第一屆小學語文課程教材教法國際學術研討會論文集論文

84	寫作教師之寫作教學內容知識偏好及結構研究	王萬清	寫作教師	調查法	台南師院初等教育學報單篇論文
84	修改歷程教學對國小學童寫作成效之影響	李嘉齡	小五	實驗法	嘉義師院初等教育研究所碩士論文
84	整合性過程導向寫作教學法對國小兒童寫作品質及寫作歷程的影響	郭生玉 陳鳳如	小四	實驗法	師大學報第四十期單篇論文
84	文章結構分析策略教學對增進學童閱讀理解與寫作成效之研究	蔡銘津	小三至小五	實驗法	高雄師大教育研究所博士論文
84	國小三年級創造性作文教學實施歷程與結果之分析	蔡雅泰	小三	觀察法 晤談法	屏東師院初等教育研究所碩士論文
34	台南市國民小學國語科作文教學現況調查研究	鄭博真	國小教師	調查法	國語文教育通訊第十期
85	「對話式」寫作教學法對國小學生寫作策略運用與寫作表現之影響	姜淑玲	小五	實驗法	花蓮師院國民教育研究所碩士論文

85	歷程導向寫作教學法對國中聽覺障礙學生寫作能力影響之研究	高令秋	國中聽障生	實驗法	台灣師大特殊教育研究所碩士論文
85	台灣地區國小作文教學觀念演變之研究	黃尤君	國小	歷史研究法	台東師院國民教育研究所碩士論文
85	台灣省中部四縣市國小六年級學童之應用文寫作能力研究	楊裕貿	小六	文章分析法	台中師院國民教育研究所碩士論文
85	寫作修改教學策略對國小學生寫作修改表現、寫作修改能力、寫作品質和寫作態度之影響研究	鄭博真	小六	實驗法	台南師院國民教育研究所碩士論文
86	電腦文書處理輔助兒童寫作教學效果研究	王萬清	小五	實驗法	行政院國家科學委員會專題研究計劃成果報告
86	國小六年級寫作學習障礙與普通學生在故事與說明文寫作成果之比較	施錚懿	小六學習障礙與普通學生	文章分析法	彰化師大特殊教育研究所碩士論文

86	國小學童說明文寫作現象分析－班級小組討論教學法之個案研究	馬行誼	小五	觀察法、晤談法、文章分析法	台中師院國民教育研究所碩士論文
86	國小六年級兒童作文之修辭技巧分析－以嘉義地區為例	陳香如	小六	文章分析法	嘉義師院國民教育研究所碩士論文
86	國小三年級學童作文句型結構之分析研究－以嘉義地區為例	蔡米凌	小三	文章分析法	嘉義師院教育研究所碩士論文
86	國小實施數學寫作活動之研究	魏宗明	小五	實驗法	嘉義師院國民教育研究所碩士論文
86	兒童寫作修改歷程與教學之研究	吳錦釵	小四至小六	實驗法	政治大學教育研究所碩士論文
87	師院語文科教材教法中國小低年級寫作教學之探究(一)	陳惠邦李麗霞	師院生	行動研究法	教育部顧問室研究報告
87	國語科實驗教材實驗班與普通班學生寫作與修改表現之研究	侯秋玲	小四	實驗法	彰化師大特殊教育研究所碩士論文

87	認知自我調整對在職及職前寫作教學師資培育之影響	王萬清	寫作教師	實驗法、放聲思考法	行政院國家科學委員會專題研究計劃成果報告
88	師院語文科教材教法中國小低年級寫作教學方案研究	李麗霞	師院生	行動研究法	新竹師院《民國以來國民小學語文課程教材教法學術研討會論文集》論文
88	閱讀與寫作整合的寫作歷程模式驗證及其教學效果之研究	陳鳳如	國中生（二、三年級）	文獻法、放聲思考法、觀察法	台灣師大教育心理與輔導研究所博士論文
90	動態評量在國小六年級寫作教學上應用研究之初探	李虹佩	小六	實驗法	台中師院教育測驗統計研究所碩士論文
90	後設認知寫作策略對國小四年級記敘文寫作能力提昇之影響研究	葉雪枝	小四	實驗法	國立台北師院國民教育研究所碩士論文
90	全語言教學對國小五年級學童批判思考、寫作表現和學習內發動機的影響	陳文琪	小五	實驗法	屏東師院國民教育研究所碩士論文

90	引導兒童作文教學之探究	陳宇詮	小五	行動研究法	國立台北師院課程與教學研究所碩士論文
90	故事圖教學對國小六年級學生記敘文寫作表現與組織能力之研究	許文章	小六	實驗法	花蓮師院國民教育研究所碩士論文
91	增進國中生作文基本能力之研究	王秋月	國中生	文獻法	高雄師大國文教學碩士論文
91	國小高年級學生議論文寫作教學之實驗研究	李博文	小五	準實驗前後測設計法、寫作過程教學法	屏東師院國民教育研究所碩士論文
91	國小六年級學童在寫作歷程中後設認知行為之研究	曾慧禎	小六	放聲思考法	屏東師院國民教育研究所碩士論文
91	高屏地區國小三年級學童作文受閩南語影響之研究	郭秀分	小三	內容分析法	屏東師院國民教育研究所碩士論文
91	國小低年級實施視覺空間智慧取向寫作教學之行動研究	陳怡靜	小二	行動研究法	國立台北師院課程與教學研究所碩士論文

由表2.1.1可知，民國六十八年至民國九十一年，共有五十四篇研究論文涉及作文教學。以下筆者就這五十四篇專論的發表年代、論文內容、作者與論文發表篇數、研究對象、研究方法、論文屬性，探析台灣當前的作文教學研究狀況。

㈠就發表年代而言

六○年代至九○年代的作品篇數與發表年代的情況，如圖2.1.1：

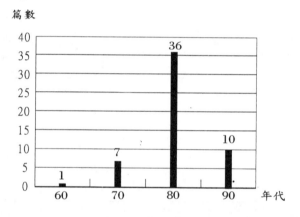

圖2.1.1　篇數與發表年代關係圖

六○年代，只有高師大蔡榮昌發表的《作文教學之探究》，其研究主題涉及作文教學。七○年代，發表了七篇與作文教學相關的論文。八○年代則有顯著增加的趨勢，共計三十六篇。其中又以民國八十四年與民國八十六年最多，各佔七篇。其次為民國八十五年，發表了五篇。可見在民國六十年至民國八十九年，將近二十年的作文教學相關研究，集中在民國八十四年、民國八十五年、民國八十六年，其原因值得有心人士探究。九○年代迄

今，兩年左右的時間，已發表了十篇，由此看來，九〇年代的作文教學研究篇數，值得期待。

(二)就論文內容而言

論文研究的內容十分豐富，有寫作歷程、創造性思考研究、各體文寫作、寫作修改、分組討論、看圖作文、寫作成效、修辭、寫作觀念、句型結構、寫作活動、作文教學現況等。

(三)就作者與論文發表篇數而言

在個人發表研究作品的數量方面，以王萬清發表的七篇論文為最多；其次是李麗霞，發表了四篇。

(四)就研究對象而言

研究對象以小學生為最多，共計四十一篇。研究中學生的有三篇，大學生佔四篇，其他對象佔六篇。篇數與研究對象的情況，如圖2.1.2：

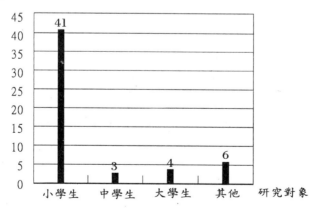

圖2.1.2 篇數與研究對象關係圖

　　六○年代迄今的三十年之間，只有三篇論文的研究對象是國中生。沒有任何一篇論文的研究主題涉及高中作文教學，多數作文教學的研究對象係以小學生為主。鄭博真認為造成此結果的原因可能是：

　　　　國內的國中、高中受升學主義影響，雖然聯考作文所佔分數不低，但大多數教師在趕課的壓力下，已難得指導寫作，更遑論進行寫作研究了③。

這一點，筆者透過對台灣地區一百五十位國文教師所徵詢之意見調查中，也有相同看法。

(五)就研究方法而言

　　以採用「實驗法」居多，運用到「實驗法」的作文相關研究共佔二十六篇；有九篇論文，研究方法運用到「文章分析法」；其次為「觀察法或晤談法」及「放聲思考法」，各佔五篇，四篇採用「行動研究法」，而這種教師動手作研究的方法，具有發展性，值得留意。「文獻法」亦佔四篇，「調查法」佔三篇。「橫斷研究法」一篇、「歷史研究法」一篇、「內容分析法」一篇、「準實驗前後設計法」及「寫作過程教學法」一篇。上述各項，有九篇論文同時使用了兩種或兩種以上的研究方法。

　　篇數與研究方法之關係，如圖2.1.3：

篇數

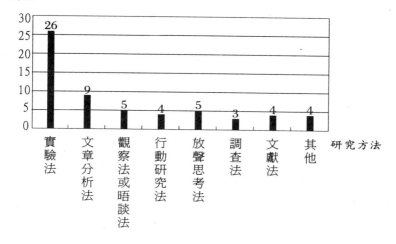

圖2.1.3　篇數與研究方法關係圖

六就論文屬性而言

　　多數的作文教學相關研究，來自九大師院的學位論文，共佔十九篇。師大體系的學位論文作文相關研究佔十二篇，其他則佔二十三篇。

　　很多人意識到作文教學的重要性，而作文教學之相關研究，亦多如恆河沙數，不勝枚舉。黃尤君認為目前國內對作文教學從事之研究方向，主要是以作文教學法及實證性的作文教學實驗或問卷調查法為主，相關之著作及研究報告頗多。儘管如此，卻似乎依舊未能紓解大多數教師在作文教學之困擾④。

　　就上述各點看作文運材教學研究，筆者得知：有關作文教學的研究，經常被擺放在國文教學的相關研究中，或者是教育系所

的寫作教學研究。至於國文系所對作文運材方面的專門討論，僅僅於民國六十八年，蔡榮昌在其碩士論文《作文教學之探究》，總論綜述一般文章作法時，自審題、立意、「運材」、布局、修辭中提及。二十三年後，王秋月《增進國中生作文基本能力之研究》，在論述作文時，對「寫作材料」作過相關處理，其他則仍待發掘。迄筆者停筆之時，二十多年來的作文教學研究，實不曾出現過任何一篇關於提升中學生作文運材教學的專案研究。

二、作文教學重要參考書目舉要

　　坊間與作文教學相關的參考書籍，也是數量繁多有如汗牛充棟、車載斗量。筆者基於學理與實際教學結合考量，從中擇選賴慶雄和王志成所條列之作文書目建議。

　　賴慶雄依個人教學經驗，於民國七十四年，發表〈三十年來作文教學參考書目舉要〉⑤，文章中列舉十五本重要的作文教學參考書目，並加以簡單介紹。賴慶雄推薦的十五本作文教學參考書目，除了蔣建文《從作文原則談作文方法》一書之外，其餘全部被王志成收錄在〈小學作文教學參考書目初稿〉中。王志成的〈小學作文教學參考書目初稿〉雖是一篇針對小學作文教學所列舉的參考書目，但對中學作文仍具重要性的參考意義。王志成將作文教學參考書目，分成十五類⑥。他也依個人教學經驗，從中挑選了一百一十六本重要書籍，並於書目上特別作記，認為適合用作作文教學參考。

　　筆者將賴慶雄所列舉的十五本重要的作文教學參考書目依書名、王志成作文教學參考書目分類的類別、作者、出版社、出版年代，整理如表2.1.2，而列表之先後順序按照出版年代。

表2.1.2　作文教學重要參考書目舉要

書名	類別	作者	出版社	出版年代
怎樣教學作文	教學理論類	程法泌	台灣復興書局	1954 年6 月
作文批改	作文批改檢討類	劉玉琛	小學生雜誌社	1962 年
愉快的作文課	教學實務類	林鍾隆	台灣益智書局	1964 年4 月
小學作文	教學實務類	靈小光	台灣廣播教學出版社	1966 年6 月
從作文原則談作文方法	缺	蔣建文	台灣商務出版社	1967 年4 月
圖解作文教學法	教學實務類	黃基博	台灣太陽城出版社	1969 年7 月
作文教學方法革新	教學理論類	譚達士	台灣教育廳出版	1976 年4 月
徐德標作文教學法體系	教學理論類	徐德標	未標明出版社	1976 年9 月
讀書和作文的結合	教學實務類	華霞菱	中國語文月刊社	1976 年8 月
作文引導	教學實務類	鄭發明 顏炳耀 陳正治	國語日報	1976 年4 月
怎樣寫議論文	文體類	鄭發明	國語日報	1977 年
作文題海	其他類	賴慶雄	國語日報	1980 年7 月
攝影作文	看圖作文類	張水金	樹人出版社	1980 年
文路	教學實務類	王鼎鈞	台灣益智書局	1982 年4 月
關老師教作文（上、下）	教學實務類	關淑媛	台灣益智書局	1984 年

　　賴慶雄列舉上述十五本作文教學參考書目的主要依據，在於作者的寫作動機。他認為：部分作文教學參考書，偏重升學的指導，書中大都將範文分類選輯，益以結構分析或是優美詞句介紹，並附上仿作。這類作文相關書籍，成書容易，發行量也很可觀，但缺乏參考價值。而有的作文教學參考書，偏重抽象學理的說明，通篇所見，往往雜引古人之言，多的是原則與雷同，卻少了實例與創意⑦。

　　關於這十五本作文教學參考書目，根據賴慶雄的見解，指導初學作文的人，《怎樣教學作文》是一本很有用的參考書。而《徐德標作文教學法體系》一書，賴慶雄認為：「本書是一本討論作文教學法的書，據作者稱：共費時十二年才完成，部分資料取材自國外，很有參考價值。」⑧

　　這十五本作文教學參考書目，對作文運材教學設計均具參考價值。其中對作文運材教學設計最具啟發性的書籍，筆者以為是譚達士的著作：《作文教學方法革新》。譚達士以學生作品編製上課教材，這個構想對於引起學習動機，應當頗具成效。此書對作文運材教學設計的研發，有很大的參考價值。

三、從語文表達能力測驗的研究管窺各國語文運材方式

　　世界各國都重視自己的語言文化傳承，美國、英國、瑞典、中國大陸、香港等地，在教育學習階段，均重視語文寫作表達能力的訓練，而作文教學則是語文寫作表達能力訓練最重要的一環。就升學而言，由於文字具有傳承經驗、積累知識與延續發揚文化的功能，青年學子必須具備有基本的語言表達能力，能夠以文字書寫的方式，綜合語文學習過程中所有記憶、理解、應用、

分析等各方面的知識和技能⑨。

　　語文表達能力的內涵包括了對資料蒐集、判讀（分析、歸納）、組織的能力，也概括了描寫、敘述、說明、議論的能力，以及語言運用作為特定目的、場合、情境的表達⑩。作文是語文表達能力的重要項目，是語文能力訓練的重要環節。作文訓練的過程，不僅是識字寫字、用詞造句、佈局謀篇等的訓練過程，而且是觀察能力、想像能力、認識能力、思維能力的訓練過程⑪。學生基礎知識的深度和廣度，都可以反映在作文中，此外也可反映出立場觀點、思想感情、生活經驗等方面的情況。而學生基礎知識深度與廣度的累積、立場觀點、思想感情、生活經驗的表達，正是作文運材教學設計的重要內容。林繼生說：

> 「語文表達能力測驗」是大範圍的作文，任何形式的作文都是一種語文表達能力測驗，合併幾種不同形式的作文就是一份語文表達能力測驗。從這個觀點來看，會寫作文的人，其實是不必怕語文表達能力測驗的，就如一個武功高手是不怕任何對手的。⑫

根據林繼生的看法，語文表達能力測驗是大範圍的作文，而其測驗內容則含括運用作文材料的能力。因此在探討作文運材教學理論時，我們管窺各國語文寫作表達能力的考題，從中截長補短，引為作文運材教學設計之參考。大陸學者以為：

> 心理學家經過實驗證明，人類通過比較後得到的知識，印象深刻，不易遺忘，而且能夠大大激起學習興趣⑬。

又：

> 在檢討、改進之前，勢必要對自身的過去和現狀，有相當
> 程度的瞭解。為了進一步瞭解自己，「比較」是不可免
> 的。一則拿目前和過去做比，看看是否有進步？二則拿自
> 己的和別人的做比，看看自己的優缺點何在？⑭

　　為求更加進步，「比較」的工作在所難免。只不過在參照比
較各國作法的時刻，Sadler 以下的這番話，是筆者希冀把握的最
大前提。他說：

> 在研究世界各國的教育制度時，我們不能像一位小孩漫步
> 在公園中，任意東採一朵花，西摘一些葉，然後帶回去種
> 植在自家的土壤裡，就滿心希望它會長成一株活生生的花
> 木來。⑮

　　同時，參照比較的目的，也不是比高低、排名次⑯，而是以冷
靜、客觀、健康的心態去觀察其他國家的作法，反思台灣當前的
作文教學，在觀察中學習與揚棄，在反思中進步與發展。
　　以下藉大陸地區普通高等學校招生全國統一考試試題、瑞典
全國教育委員會考試試題、英國全國課程大綱第四級期末考卷、
公元二〇〇二年台灣地區的語文表達能力測驗試題，管窺各國語
文運材方式：

㈠中國大陸普通高等學校招生全國統一考試

(1991 年語文試題) ⑰

第一題 ：

　　老師在黑板上畫了一個圓，要求學生寫想像作文。他舉例說，比如，你可以把這個圓想像成一輪滿月，然後以滿月為重點，再用天幕、雲彩、柳梢等作為陪襯，構成一個美麗的畫面，再把這個畫面用文字描述出來就是想像作文。

　　圓是可以想像成很多不同的物體的。請你根據這位老師的啟發，把這個圓想像成另一個物體，寫成一篇200字左右的想像作文。

＊要求：

1.不要再把圓想像成滿月進行描寫。

2.以一個圓的想像物作為描寫重點，不要以陪襯物作為描寫重點。

3.寫成一個畫面或一個鏡頭、一個場景，不要寫成故事。

4.想像合理，形象具體生動。

5.語言確切、連貫，條理清楚。

第二題 ：

　　某班開辯論會，一方的觀點是「近墨者黑」，一方的觀點是「近墨者未必者黑」。請你選定一方寫一篇發言稿參加辯論。

＊要求：

1.寫成發言稿或議論文都可以。

2.不少於500字。

說明：

在第一道試題中，由圓聯想成滿月進行情境的描寫，作為範例的說明。引導學生將圓想像成不同的物象，產生不同的畫面，再將此畫面形諸文字，具有想像與描述能力的考量，並附帶一些對於文字內容的指示要求；而第二道試題中，則設定正反方兩種主題，由學生自由選擇論點，海闊天空地加以論述，但所作議論文或辯論發言稿有字數的限制，不得少於500字。

(二)瑞典全國教育委員會考試（瑞典文，1990年）⑱

（考試材料在考前一週會發給考生，其中包括了與所指定的主題相關的各種材料以供研讀。1990年的主題「旅行」，而那16頁的小冊子中即包括了下列材料：）

1.八行譯成瑞典文的荷馬史詩奧狄賽。

2.著名的瑞典作家Frans G.Bengtsson 所著的1500字短文 "Happy Journey"（快樂旅程）。

3.Karen Boye 所著的十行詩 "In Motion"（行動中）。

4.Ake Andersson 和 Ulf Stromquist 所著的 "The Great Liberation"（大解放），一篇從一本關於旅行風氣成長的書中摘錄，並附有二幅相關統計圖表的650字選粹。

5.Karen Soderberg 所著的"Fighting the Clock and Hurrying to See the Sights，一篇關於計劃去旅行的短篇報紙選粹，描述遊客的可能選擇。

6.Per Ewald 所著的"Worlds within Reach，"（伸手可及的

世界）一篇關於一個十六歲女孩搭乘火車遊歐洲的1000字紀錄。

7.三首詩和八篇其它的散文選粹均與旅行各方面有關的。

（應考者均需仔細地讀那些選文，並準備在五個小時的考試時間內，用與所選題目相關的素材完成一篇文章。）

由下列題目選出一題寫篇短文:

1.「瑞典人和他們的旅行習慣」

2.「曾祖母和她的曾孫們」

3.「快樂旅程」

4.「旅行的好處與壞處」

5.「搭火車上路」

6.「旅行的考驗及苦難」

7.「扶椅旅行」

8.「講述遊記的藝術」

9.「地區性旅遊」

説明 :

　　瑞典的考試以「旅行」為題，在一週前就將相關的資料寄給考生，其中包括有荷馬的史詩，瑞典的現代詩、散文，如何計劃旅行的實際建議，遊記，甚至是些有關於旅行的統計圖表，希望學生事前先閱讀這些資料，然後對包括「瑞典人和他們的旅行習慣」等九個題目發揮，於五小時內寫一篇短文。

本題提供學生各類可以閱讀的材料，希望學生在資料的基礎上發揮合理的想像力，所以在思考閱讀與寫作考試的時間上，也都較為優裕。並且附帶在試卷註明評分的依據，

包括有考量學生閱讀資料後對其理解與運用，展現語文的運用能力，即推理和說服能力，並考量其整合資料的能力及其個人的見解、想像能力，以及語言的風格、技巧等。

三英國全國課程大綱第四級＼期末考卷3：寫作＼較高級：達成目標6~10級＼二小時⑲

閱讀下面文章

（第一篇）獵狐

參加遊獵者（The field）：是騎士的主體，人數由30至200不等，他們試著在追逐狐狸的行動中跟上獵犬。

主獵者（The Master）：在參加遊獵者的最前面是主獵者，他也是本次狩獵之領袖。

指揮獵犬者（Whippers in）：在獵犬群之後是二或三個本次狩獵的全天候雇員，稱為指揮獵犬者。

狩獵專家（The huntsman）：本次狩獵的全天候雇員，騎在獵犬群之前，並拿著狩獵用的號角。

獵狗群（The pack）：數量由10至30隻不等。獵狗群不是全公的（公狗群），就是全母的（母狗群）。

妨礙狩獵者（Hunt saboteurs）：英國約有130群妨礙狩獵者，他們常由3至40人組團出去設法讓狐狸不被抓到。

他們做以下的事情：

1.他們吹狩獵號角來迷惑眾獵犬

2.他們試著介入獵犬和狐狸之間

3.有些團體佈下假氣味來分散獵狗群

※ 狩獵（The hunt）：

　　在打獵的前一天，狩獵專家和指揮獵犬者會找出狐狸的住處：通常在小樹林或田野中的羊齒叢裡。當早上十一點狩獵行動開始時，獵犬會被放至此區域，他們到處聞直到發現狐狸的氣味，然後吠叫。狩獵專家便吹狩獵號角，獵犬就會離開。

※ 氣味（The scent）：

　　獵犬會追從氣味，穿過田野，越過河流，或穿過樹林，直到追上並殺死狐狸，如果他們跟丟了，獵犬群和遊獵者會移至另一狐狸穴，然後重新開始，狩獵通常進行到下午三、四點。

※ 狐狸（The fox）：

狐狸是獨行的動物，他們除了交配季節外，均是單獨生活。狐狸的腳底、臉頰的腺體及身體的其他部分均會發出氣味。此種氣味乃用來標示其勢力範圍，就如同貓狗一般，但卻使他們易受獵犬的追蹤。

※ 支持或破壞？

殘忍而且過時，或是偉大的英國傳統？在這裡一個狩獵破壞者及一個狩獵支持者談到他們的不同看法：
安德魯湯普森成為一位活躍的狩獵破壞者已經八年了。

「當我蹣跚地穿過一群獵狐犬時,我立刻成為一個反對狩獵者,當我們鄉間去散步時,看到了那隻剛被殺死的狐狸,我嚇壞了,我認為這是錯誤的。」

幾年後我在我家附近—德比夏碰到一群人,他們是狩獵破壞者,他們試著保護狐狸免遭獵人的毒手,我決定加入他們。

「從那時起,我就參加定期性的破壞,我們稱之為『出巡』,去打斷狩獵活動,這是件有點可怕的事,有些獵人對我們很友善,有些則有攻擊性,可能會把我們毒打一頓。有一次有群和我們唱反調的狩獵支持者就用棍子打我們,我們的同伴有人的車被砸了,磚塊從車窗扔進來。」

「我讓自己冒險,因為我堅決相信狩獵是殘忍的,不僅對狐狸而言,對狗也是,獵犬被以殘忍的方式餐養,它們在狩獵的前兩天就被禁食,而整個夏天都鞭打著以服從命令,而狐狸被追呀追的,直到心臟幾乎要爆裂,然後被獵犬們撕裂。」

「人們試著以狩獵是項偉大的英國傳統為由來維護它,但這是種奴役,而奴役是被禁止的,我看不出殺死那些無防備力的動物能增加我們什麼文化?這並不是這個國家中的大多數人所想要的。」

「做個狩獵破壞者並不是件好玩的事,大部分的時間都是在無聊的等待狩獵開始,但一天結束後你會覺得很有成就感,因為你知道你拯救了許多動物的生命。」

(安德魯湯普森不是他的真名)

羅賓馬克尼是個農夫，並且是「前葡萄藤和膽小鬼」狩獵活動的聯合主獵者，這項活動的範圍涵蓋了罕普夏的伯新史托克到威持夏的史雲登。

「我出生於倫敦的南部所以沒有狩獵的背景，事實上，當我唸大學時還常批評這種活動，但是後來我參加了生平第一次的狩獵後，我覺得棒透了。」

「狩獵讓我有機會騎馬馳騁過鄉間的自然美景，而追逐狐狸是很棒的刺激，因為你永遠不知道下一步它會把你帶到那裡去，我喜歡這種挑戰。」

「我也喜歡那些壯觀的場面和儀式，因為它們是狩獵傳統的一部分，所以是很重要，我像個主獵者一般穿了件深紅色的外套，每個人均需穿戴整齊以便為狩獵活動增光。」

「30 年前狩獵是項上流社會的活動，但現在情形已不同了，今日我們的狩獵活動有來自各階層的人士，每個星期六，我們有一百人騎馬，還有二百多位徒步或開車跟隨其後，他們來自各行各業。」

「打獵並不殘忍，我們不用鞭仃獵犬來訓練他們，而是將他們照顧得非常好好，它們的體格都很健壯──他必須跟得上狐狸。」

「如果狐狸被抓到了，它會馬上被領頭的獵犬咬斷脖子而死，這是種合乎人道的控制狐狸數量的方法，身為一個農夫，我知道將會用較不人道的方式，諸如射殺毒殺來對付它們。」

「最近我試著一週參加一次或二次的打獵，我碰過狩

獵破壞者，但我只是裝作沒看見，我了解他們反對打獵，而且我也相信他們有權這樣說，但我有時不免要懷疑他們所聲稱的對動物的關心，他們驚嚇馬兒，甚至有一群人將釘子放在它們的蹄下，這種行為不叫關心動物的福祉吧？不是嗎？」

「狩獵活動是個有數百年歷史的傳統，並給數以千計的人們帶來歡樂，我不覺得這有什麼不對之處或有可被禁止的理由。」

（第二篇）血腥／田野活動

在英國有許多不同的血淋淋的運動在進行著：有些合法，有些不合法，以下是其中五種：

※ 獵兔（Hare-coursing）──合法

英國約有 1000 人從事此活動，由兩條狗競追一隻野兔，支持者認為野兔一被追到馬上就會被咬死，反對者認為死亡是緩慢而痛苦。

※ 鬥狗（Dog-fighting）──非法的

狗，大部分為牛頭犬和雜交犬，均為其打鬥能力而繁殖，被放到鬥狗場或用木板隔起來的房間裡，圍觀者下注，通常會鬥到一隻狗死掉為止，本活動究竟有多普遍並不清楚。

※ 射獵（Shooting）──合法的

每年有一千二百萬的雉雞，以及五十萬的松雞被趕獵

者（拿著棍子的人）趕到空中後再被射殺，有些會立刻死亡，有些則負傷飛走。據估計從事此活動者約有七十五萬人。

※ 鬥獾（Badger-baiting）── 非法的

被捕獲的獾被拴在一根樁上，或關在鬥狗場中。人類則鼓勵狗兒去攻擊牠，直到牠倒下去為止，然後那隻獾則被圍攻而死。此活動到 1911 年時被列為不合法，再者，每年約有一萬多隻獾在他們的窩附近被狗咬死。

※ 釣魚（Angling）── 合法的

釣魚並不像其他牽涉到鳥和動物的血腥運動一樣地被批評，部分原因是大部分被抓到的魚會再被放回河裡。然而有些人還是覺得釣魚是殘忍的，因為魚鉤會傷害魚的嘴，大約有三百二十五萬人從事釣魚活動。

利用本文的資料，回答題1a，1b和題2，記得平均配題1和題2的作答時間。

1a 國會將會有個關於血腥運動是否應被禁止的爭論，你的國會議員們尚未決定投那一邊的票，利用第一篇和第二篇中的資料，寫篇短文歸納贊成及反對血腥運動的論點，同時你的歸納整理必須簡明扼要，並客觀平衡地表達兩方面的觀點。

1b 為你的國會議員寫篇用來發表在此爭辯中的簡短演講稿，你可以發表你自己的觀點，從第一篇和第二篇中

挑出一些可以讓你的演講更具說服力的資料，記住你表達的方式和所使用的語言對爭取聽眾的支持是很重要的。

2.有時候人們會突然改變心意，寫篇在某個情形下由於一些事情的發生，使你的家長或老師在一個重要的觀點上改變他們的心意。

說　明：

另外則是六到十級的考試，其中談到獵狐的行動。首先介紹獵狐中的各種角色和活動（每個角色附有一個插圖），並提供立場不同的兩篇文章，有贊成獵狐或反對獵狐立場的說明。反對者認為獵狐是殘忍的，也無助於英國國家的傳統。支持者反駁殘忍的說法，並舉出獵狐的意義所在。另一篇文章則是介紹相關的合法或不合法的活動。題目第一步是說國會議員尚未決定是否應禁止血腥活動，要考生先將贊成及反對的資料加以整理。第二是要考生進一步在資料的基礎上發表自己的對於此一討論的觀點，特別要求以演講稿的形式呈現，即要考生注意在不同的情境下，有不同的表達方式和用字，於此就加入了文字上的運用。第三步，從上述對觀點的闡釋，要求考生描寫及說明家長老師在某個觀點上改變立場的過程，即是要對立場轉變的過程加以辯證。由以上的介紹可知語文表達能力可以包含很多項目，且和其他學科的學習息息相關。

四公元二〇〇二年台灣地區語文表達能力測驗試題

大考中心首次的語文表達能力測驗，於公元二〇〇二年二月一日舉行。其性質係屬於「國文考科」試題的第二個部分，共計

三個大題，佔五十四分。

這三個題目分別是⑳：

第一題：圖表判讀（佔9分）

下圖顯示的是傳染病x從民國85年到88年各年度四季之間的發生率。圖的橫軸是不同年度，縱軸是每十萬人發生的個案數（單位：人數/十萬人）。<u>請判讀本圖，歸納、分析它所傳達的訊息，並以條列方式陳述。</u>

注意：

1.請分點列舉，力求簡明扼要。

2.不必詳列具體數字。

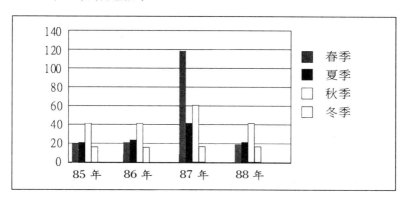

第二題：文章改寫（佔18分）

寫作時，適度而精確的使用口語與成語，可使文章增色，但若濫用、誤用，反不可取。下面是一封情書，除粗陋的口語外，更充斥俗濫與錯誤的成語。<u>請在不違背其本意的前提下，用真切</u>

<u>自然的文字加以改寫。</u>

注意：

1. 改寫時須保留原信的時間、地點、人物、情節。

2. 不可使用粗劣的口語，<u>並避免濫用成語</u>。

「上個禮拜六在校刊編輯會議首度看到你，就被你煞得很慘。你長得稱得上是閉月羞花，聲音也像鶯啼燕囀。從此，你在我心中音容宛在，害我臥薪嚐膽、形容枯槁。我老媽看不下去，斥責我馬齒徒長、尸位素餐，不知奮發圖強，難道要等到名落孫山、墓木已拱才甘心嗎？我也有自知之明，這封信對你而言只是九牛一毛，你一定棄之如敝屣。但我相信愚公移山的偉大教訓，也就是人定勝天，如果你給我機會讓我向你表白我自己，你會恍然大悟我是個很善良的人。期待你的隻字片語，若收到回音，那一定是我一生中最快樂的一天了！」

第三題：情境寫作（佔27分）

台灣已進入高齡化社會，但一般人對老人世界仍缺乏了解，也欠缺了解的興趣。相對於兒童、青少年，老人似乎愈來愈處於社會的邊緣。下面是一位老人的日誌，平實記錄的背後，頗有心情寄託，例如：30日的日誌中「三十年老屋，不知如何修起？」既說屋況，也正是說自己，讀者細細推敲，自能體會其中調侃與蒼涼的況味。請以「1月4日星期五的日誌」為對象，並以老人原本所記二事為基礎，鋪寫成首尾完整的文章，文長不限。

注意：

1.不必訂題目。

2.先仔細閱讀每一則日誌，體會老人的心情、了解老人的身體與家庭狀況，以便發揮；但不得直接重組、套用各則日誌原文。

3.以老人為第一人稱，用他自己的口吻與觀點加以撰寫，務必表現出老人的心境與感懷。

30Sun	31Mon.	1Tue. 元旦	2Wed.	3Thu. 十一月廿日	4.Fri. 小寒	5.Sat.
隔壁修房，今日動工，云：舊曆年前可畢。客廳牆壁滲水，三十年老屋，不知如何修起？至書店給孫子、女買禮物。	上午回心臟內科吳醫師門診領藥掛49號。下午看眼科白內障，掛20號（明天記得帶禮物）	中午12：00祥園小館家聚。（記得帶禮物）家聚取消，孫子補習，孫女準備考試。兒獨來，坐十五分鐘，留錢一包、撒尿一泡，走人。	午，與妻兩人至麵館小酌慶生。吾言：若得老妻、老友、老狗相伴，身懷「老本」，家旁有老館，老不足懼！妻云：無聊！	昨晚得知，老友逝，心肌梗塞……料吾大去之期亦不遠矣！	至公園小坐，冬寒乍暖。見幼稚園老師帶小朋友遊戲。幾個外傭推老人出來排坐，聊天，一景也。	冷鋒至，與妻合力搬出電暖爐。兒來電，問好不好？答以好。問血壓正常否？答以正常。問三餐服藥否？答以服！服！服！

　　如以作文運材的角度來詮釋這三個試題的話，試題之一是「理性材料」的整理，試題之二與試題之三是「感性材料」的運用。試題之二與試題之三在「感性材料」的運用上，屬性又有所區隔。其中，試題之二是「輕鬆活潑」的情書材料修改，試題之

三較屬於「沉重哀傷」的日誌材料詮釋。考生面對這三個題目的可能情況是：必須在有限的考試時間之內，將文章心情迅速作三層轉換。意即文章心情將由「理性刻板」轉為「輕鬆活潑」，再轉換成「沉重哀傷」。

就試題之一而言，資料整理型的考題，文字濃度必須夠高，換句話說，在「力求簡明扼要」的限定之下，文字的緊密度必須足夠，不可能有太多鋪敘性的描寫，更不可能寫廢話。

試題之二的材料屬性是「網路作文」。考題借用一封輕鬆的情書小品設計情境，限定考生在「保留原信的時間、地點、人物、情節」中，調整粗陋和錯誤的口語、成語。這個試題可以測試出考生的成語使用能力，以及如何調整日常生活「積非成是」的用語。

如何才能靈活運用寫作材料，獲取高分？就試題之三而言，關鍵在於「同理心」。因為所有的優秀作品，最後一定指涉感動。同理心多，感動必定就多；同理心少，感動必定就少。考題要求以「第一人稱」寫出老人的心境與感懷，如此一來，老人的心情就是考生的心情。另外還有一種優秀作品，具有特別的機智性。我們可以肯定的是，八股文絕對不可能得高分。試題之三所給予的寫作材料是老人一個星期的生活日誌，而為何要求考生以「1月4日星期五的日誌」為對象？老人的日誌為何有兩處特別畫線作記？如何在既定的寫作材料中，尋找可發揮的寫作線索，整合自己的意見迅速篩檢加以排列，再擲地有聲、具體有力地表達出來？此點涉及考生對材料閱讀的能力以及驅遣文字的靈活度。

公元二〇〇二年台灣地區的語文表達能力測驗試題，既靈活

又不落俗套，而且相當地生活化。試題走向並不希望用文意測驗刁難學生，似乎是趨勢。考生想拿取高分，課外閱讀的「量」，必定要足夠。在教材教法上，教師有心協助學生靈活運材寫作，則須要增多課堂練習。

第二節　台灣地區當前的作文教學

　　民國九十年七月，筆者以「作文教學」為主題，採隨機取樣，對台灣地區一百五十位國文教師實施意見調查，填寫「作文教學意見調查表」的對象，以台灣師大國文研究所國文教學碩士班的學生為主。台灣師大國文研究所國文教學碩士班的學生在本論文研究範圍內的「作文教學意見調查表」總共完成有五十一份⑳，他們所服務的學校有台南安定國中、台南一中、台南女中、桃園內壢高中、中壢高中、壽山國中、新竹竹東高中、忠孝國中、台北中和高中、民生國中、三民中學、溪崑國中、彰化溪湖國中、台中光明國中、高雄鳳新高中、高雄女中等。另外宜蘭蘇澳國中有七位國文老師填寫問卷㉑，台北市仁愛國中有二十位國文老師填寫問卷，台北市介壽國中十八位，台北縣汐止國中三位，台北達人女中九位，台北恆毅中學二十位，宜蘭頭城家商五位㉓，桃園慈文國中二十二位，另有三十一份意見調查表回答不完整，或者任教對象屬性是大學、專科或高職，這三十一份意見調查不列入討論。最後一份意見調查表於同年九月回收。總共發出一百八十六份意見調查表，有效問卷共計一百五十份。其中，有三十九位是高中老師，一百零六位國中老師，同時任教於高國中者有三人，而有兩位老師未勾選任教對象。實施意見調查的目

的，是希望能夠由站在作文教學第一線的國文老師，審視反省當前的作文教學，並提出具體建議。

意見調查表之各個問題設計㉔，係參照李麗霞、張新仁、廉永英、鄭博真之作文相關調查研究，意見調查表之內容見附錄二。其中，李麗霞於民國七十七年研究《看圖作文與創造性主動作文教學法對國小學童早期作文能力之影響》，問卷調查結論是：

a. 學童作文基本能力與學習態度不佳。
b. 學童運用書寫工具的能力差。
c. 學童作文能力貧乏。
d. 學童作文形式不佳。
e. 教師對自我從事作文教學能力感到不足。

張新仁於民國七十九年，作文相關調查問卷結論是：

a. 學生害怕作文或缺乏興趣。
b. 缺乏妥善有效可依循的教學方法。
c. 沒有固定教材或教學指引。
d. 缺乏寫作教學專長之教師。
e. 作文課程時間安排有限。
f. 作文批改費時費力。
g. 家長不重視。

廉永英民國八十一年作文相關調查問卷之結論是：

a.指導學生安排文章的段落。

　　b.不能靈活自如的用文字表情達意。

　　c.批改學生作文有困難。

　　d.不知如何指導學生審題。

　　e.不知如何擷取寫作素材。

　　f.作文教學不知如何與讀書教材聯絡。

　　g.不知鼓勵學生發表作品。

鄭博真民國八十四年之作文相關調查問卷結果是：

　　a.教師在作文教學上最大的困難是批改作文費時太多。

　　b.最需要的是教師作文指導手冊。

　　c.想獲得的作文指導技巧依序是：布局、把握重點、各類
　　　題材寫作要領、修辭、各種文體寫作要領、擬大綱、選
　　　取材料、文法、開頭、結尾、打草稿、標點符號。

　　筆者綜合上述各家研究結論設計意見調查表，以下是老師的
意見調查彙整結果，各項結果的排序先後，係依照勾選人數由高
至低的順序排列。

一、作文教學指導意願

　　對於作文教學，老師的指導意願依次排列如下：

　　㈠普通。

　　㈡喜歡。

㈢不喜歡。

㈣極喜歡。

㈤未作答。

㈥非常不喜歡。

　一百五十位國文老師中，有七十四位老師在這個問題上勾選「普通」，四十九位勾選「喜歡」，十六位勾選「不喜歡」，五位勾選「極喜歡」，四位老師未勾選任何項目，而有兩位老師勾選「非常不喜歡」。

二、作文教學指導方式

　甲、老師經常使用的作文教學指導方式依次是：

㈠在黑板上寫幾個題目，略加指引之後，由學生自由選題發揮。

㈡在黑板上寫一個題目，略加指引之後，由學生自由選題發揮。

㈢「在黑板上寫幾個題目，略加指引之後，由學生自由選題發揮」或「在黑板上寫一個題目，略加指引之後，由學生自由選題發揮」。

㈣其他。

㈤未作答。

㈥「在黑板上寫幾個題目，略加指引之後，由學生自由選題發揮」、「在黑板上寫一個題目，略加指引之後，由學生自由選題發揮」或「在黑板上寫幾個題目，不做任何指引，由學生自由選題發揮」。

㈦在黑板上寫一個題目，不做任何指引，由學生自由選題發

揮。

㈧「在黑板上寫一個題目，略加指引之後，由學生自由發揮」、「在黑板上寫幾個題目，不做任何指引，由學生自由選題發揮」。

㈨「在黑板上寫一個題目，不做任何指引，由學生自由發揮」、「在黑板上寫幾個題目，略加指引之後，由學生自由選題發揮」。

以上所列項目之勾選人數分別為六十八人、三十五人、三十一人、九人、兩人、兩人、一人、一人、一人。

老師在指導學生作文時，認為：

㈠題目不訂太多，以免干擾學生思考，若可選擇題目，同學無法練習到所有題型，因為他們會固定選某類型題目。而且學生作同一個題目，可便於比較。但另有老師認為，題目不硬性規定，而且有多一些的題目，可給學生更多的表現空間和興趣作抒發。有些老師讓學生自由選題，是讓學生方便就自己所擅長的題材作發揮，讓學生可依個人偏好而作多種選擇，並避免影響學生的思考模式，因為學生的才氣、領悟力各有不同，所以選擇多訂幾個題目，好讓學生自由選題作發揮。

㈡選擇「略加指引」的老師，他們的原因有三：一來時間不多；二來總得先說明，免得學生離題，或忽略一些重要的注意事項；三來經過略加指引之後，學生比較不會離題。同時，應先引導學生，加強個人之感受，再自由選題。有老師提出指引原則：一、二年級可略加指引，三年級自由發揮。一方面給予學生指導，一方面要顧及學生發揮的空間。但有老師選擇「不做任何指引」，他們怕學生被指引所囿。

㈢可讓學生練習自訂題目，因為訂題目也是一種能力。實施方式可以是教師訂半個題目，同學自命另半題，讓學生在自己最熟悉的經驗中發揮。

乙、老師使用過的非傳統作文教學指導方式依次是：

㈠閱讀心得。

㈡看圖作文。

㈢擴充與仿寫。（並列）

㈣引導式。

㈤改寫。

㈥設定情境。

㈦日記。

㈧濃縮。

㈨續寫。

㈩組合。

(十一)未作答。

(十二)其他。

以上所列項目之勾選人數分別為一百三十二人、九十九人、九十四人㉕、九十三人、八十八人、八十二人、六十八人、六十七人、五十一人、三十七人、四人、一人。

三、指導作文教學的困難

實施作文教學時，老師所感到的困難依次是㉖：

㈠學生寫作文章，內容乏善可陳。

㈡學生作文表達能力不佳。

㈢學生寫作文章，使用的詞彙太少。

㈣學生寫作文章，缺乏創造思考能力。

㈤批改作文費時太多。

㈥學生缺乏寫作興趣。

㈦學生寫作文章，經常語意不清。

㈧教學時數不足。

㈨學生學習態度不佳。

㈩教師對自我從事作文教學能力感到不足。

(十一)學生害怕作文。

(十二)缺乏教師作文指導手冊。

(十三)學生應用書寫工具的能力差。

以上所列項目之勾選人數分別為九十八人、九十六人、九十二人、八十五人、七十九人、七十六人、七十五人、五十二人、四十九人、四十四人、三十九人、三十三人、十九人。

四、作文教學指導技巧

老師想獲得的作文教學指導技巧依次是㉗：

㈠取材與運材。

㈡各類題材寫作要領。

㈢各類文體寫作要領。

㈣命題。

㈤批改。

㈥布局。

㈦把握文章要點。

㈧修辭。

㈨擬定大綱。

㈩文法。

(十一)結尾。

(十二)開頭。

(十三)打草稿。

(十四)標點符號。

(十五)未作答。

(十六)其他。

以上所列項目之勾選人數分別為八十人、七十九人、五十八人、五十六人、五十五人、五十一人、四十人、三十六人、三十一人、二十人、十六人、十五人、十人、九人、六人、一人。

五、日記

老師對於學生是否需要寫日記的看法依次是：

㈠需要。

㈡可有可無。

㈢不需要。

㈣未作答。

㈤其他。

以上所列項目之勾選人數分別為九十五人、四十人、六人、六人、三人。

六、撰寫心得之活動安排

在老師的教學過程中，安排過以下活動，並要求學生紀錄心得㉘：

㈠影片欣賞。

㈡參觀訪問。

㈢旅行。

㈣聆聽演講。

㈤校園散步。

㈥未作答。

㈦其他。

以上所列項目之勾選人數分別為九十三人、八十一人、六十人、五十一人、三十七人、八人、五人。

七、影片欣賞與參觀訪問

㈠做過影片欣賞活動的老師們，曾經放映過的影片是：

甲、華語片

「空城計」、「台灣保育類影片」、「天馬茶房」、「孔子傳」、「國父傳」、「活著」、「暗戀桃花源」、「大自然的奧妙系列」、「四季人生」、「作家身影」、「喜福會」、「國劇曹操與楊修」、「三國演義」、「生活映象－黃乃輝的故事」、「慈濟救災」、「台灣探險」、「神行太保」、「那山那人那狗」、「十月的天空」、「一個也不能少」。

乙、非華語片

「天堂的孩子」、「雪人」、「返家十萬里」、「花木蘭」、「睡人」、「大地英豪」、「楚門的世界」、「雪地迷蹤」、「心靈捕手」、「美麗人生」、「老人與海」、「赤色風暴」、「泰山」、「巨猩喬揚」、「搶救雷恩大兵」、「親情無價」、「春風化雨」、「我不笨我有話要說」、「居禮夫人」、「鐵巨人」、「把這份情傳下去」、「風之谷」、「潮浪王子」、「真愛」、「麥田捕手」、

「新天堂樂園」、「我要活下去」、「一路有你」、「心靈點滴」、「六天七夜」、「小婦人」、「雙面情人」、「刺激一九九五」、「真善美」、「小宇宙」、「天涯赤子心」、「壞孩子」、「勇者無懼」、「喜馬拉雅」、「親愛的，我把孩子變小了」、「春風化雨一九九六」、「卓別林的默劇」、「對馬海峽之役」、「戰地春夢」。

丙、其他

時下學生較為喜愛看的影片、有特殊意義、富啟發性的影片。

㈡做過參觀訪問，所參訪的地點、性質或對象是：

「北埔金廣福」、「李梅樹美術館」、「祖師廟」、「故宮」、「巨蛋博覽會」、「歷史博物館」、「台北市立美術館」、「朱銘美術館」、「電視台」、「植物園」、「科博館」、「花蓮石雕展」、「動物園」、「坪林茶葉博物館」、「社區活動中心」、「廣慈博愛院」、「創世基金會」、「資策會」、「八里養老院」、「音樂展」、「國父紀念館」、「安養院」、「幼稚園」、「酒廠」、「圖書館」、「海洋館」、「小人國」、「大溪老街」、「廟宇」、「淡水紅毛城」、「大聖御花園」、「自然科學館」、「世貿」、「墾丁」、「學校附近古蹟」、「賴和紀念館」。

其他諸如配合學校的參觀旅行、學生自由取材與課本相關之學習、自訂地點和對象、國際書展、職業訪談、生活中的小人物等。

八、小結

自「作文教學意見調查表」，結果得知：

㈠大多數老師都有指導意願，他們並不排斥指導作文教學。

　　㈡老師最常使用的作文教學指導方式，則是「在黑板上寫幾個題目，略加指引之後，由學生自由選題發揮。」

　　㈢老師最常使用的「非傳統作文」教學指導方式是「閱讀心得」。

　　㈣指導作文教學時，老師對「學生寫作文章，內容乏善可陳」這個項目，最感困難。

　　㈤老師最想獲得「取材與運材」的指導技巧。

　　㈥多數老師認為學生應該養成寫日記的習慣。

　　㈦老師在教學過程中，多數安排過「影片欣賞」的活動。

　　此外，筆者將老師的建議，彙整成教材教法、學生、課程安排以及其他等方面分點條列。

　　㈠**在作文教材教法方面：**

　　「應不應該為作文教學編寫統一教材？」台灣地區的老師有這樣的疑惑。而大陸吉林地區人士侯紅光在《語文教學通訊》中，也提出過同樣的問題。天津王義明先生的看法是：

　　　　作文教材，即作文教學的內容。它規定了教師應講什麼，
　　　　學生應練什麼。統編作文教材，可以集全國作文教學經驗
　　　　豐富，有功底的教師的智慧，把教材編成循序漸進、各類
　　　　文體寫作訓練、有教法寫法的提示。㉔

由此可見，統一編寫作文教材的益處。只是，如果作文朝統一編寫的方向進行，那麼如何適材適性地提供協助給不同的學生，恐怕是最大的難題。就這點而言，老師填表時提出如下的意見：

1.需要好的、切合現代社會的教材教法及教育當局正確的語文教學思維。

2.提供教師有效指導作文的方法,使作文變得活潑有趣㉚。

3.可以編製專門的教材㉛,輔助教師教學。

4.用主題式的方法進行階段式教學。例如在新編班級裡,以「人」為主題,進行十大特徵描寫遊戲,最後讓學生猜出描寫對象。

5.不死板地要求書寫格式,且題目類型的設定,最忌使文章的完整性割裂的太厲害,破壞整個文章布局。

6.可將修辭法納入作文教學中。

7.能有循序漸進、系統性的教材及習作本,即使中途換老師,作文教學也能前後連貫。

8.教材應結合生活,因應未來大考中心語文表達能力測驗,使作文生活化。

㈡在學生方面:

1.讓學生對作文有興趣,不再恐懼作文。

2.規定學生每月閱讀一本書,撰寫心得報告,平日養成寫日記的習慣。

3.學生很現實,沒有作文考試,學生不想上作文,因此,升學考試應考作文,刺激學生學習。

4.學生應自小養成閱讀習慣㉜。

㈢在課程安排上:

1.另闢一節作文教學專屬專用㉝。

2.增加教學時數㉞,降低班級人數㉟,以提高教學品質。

3.必須做課程統整。

4.增加體驗性活動。

5.要有一學期的教學計劃，而不是一節課的內容，才能各類題材兼顧。

㈣在批改方面：

1.批改作文過於費時，教育當局並未體諒國文教學的此一需要，導致「教」與「學」皆成苦差事。

2.重視教學，而非批改。

第三節　作文教學設計相關問題探討

一、教學設計的基本假設及要素

教學設計成為一門新興學科，是六○年代後期至七○年代初期的事。這門新興學科在美國形成，是一門應用科學。它具有明確的對象，即教學系統開發，是具有「整體功能大於部份之和」的整體效應的一門科學㊱。

教學設計的基本假設，必須包含五項主要內容㊲：

㈠教學設計必須以增加個別學習為目的。

㈡教學設計可分為即時的與長期的。

㈢系統的教學設計可以對個人的發展產生巨大的影響。

㈣教學設計應以系統的方式進行。

㈤教學設計要植基於人類如何學習的知識上。

就以上教學設計的五個基本假設，我們可知教學設計必須是以增加個別學習為目的的假設，因為教學是導向個人的，而設計者必須透過即時與長期的教學設計建構完整的教學體系。同時教

學設計應確信沒有任何一個人是「教育的不利者」，且每個學生
有均等的學習機會，可以充分發揮才能。此外，教學設計的系統
方式，包括了從需求與目標的分析，到證實成功地達到預期目標
的教學評量等一系列的步驟。在教材方面，教材本身不僅是反映
作者知識而已，更應設想如何讓學生去學習這些知識。

　　每位教學設計者都希望自己設計的學習主題或整個教學設計
系統，對於學生的學習都是有價值、有幫助的，而且能夠改善學
生的表現㊳。只是關於學生表現的評估，對作文教學而言，要在
短暫的時間內驗收學習成果，並不容易，原因在於作文是一項積
累的功夫。評估學生表現的目的在於：

　　　　教學設計者和教師都需要以個別和群體學生的表現，來判
　　　斷教學成功的程度。評估學生的表現可以幫助我們判斷新
　　　設計的教學是否符合它所預定的目標，也能了解學生是否
　　　習得了教學目標所設定的能力㊴。

　　英國著名的人文課程方案，將每一間教室視作是課程改革的
實驗室㊵。實施教學設計，也應顧及每一個學習單元的班級人
數。目前在台灣地區，每一間中學教室裡的學生人數大約是四十
人。在教學設計上，關於團體教學與個別化教學，則有如下的論
點。其中，在團體教學上：

　　　　大多數的教學是將學習者集合成一個團體來實施。雖然教
　　　學傳遞是採團體方式進行，但學習仍是在個體內進行的。
　　　對年紀較大的學習者而言，教學事件的安排要達到高度的

掌握，則端賴學習者自我教導的程度。不管是哪一個團體的學習者，團體教學的目的均在於確保每一項教學事件的有效性，以支持團體所有成員的學習④。

在個別化教學上：

教師在二十五位以上學習者的團體，實在很難設計一個適合的教學傳遞系統。……布魯姆堅信：一對一的個別指導乃是最有效的教學形式②。

綜合上述團體教學與個別化教學，可看出兩者之間的共通處：均以學習者為主體做教學設計的考量。此點與教學設計的基本假設相呼應，即「教學是導向個人的」。為使教學設計獲致最大成效，降低班級人數似乎是當務之急，至於是否能將班級人數調整至二十五人左右，仍待努力。

此外，一個良好的教學活動設計應具備下列各項要素，這些要素是一般人所公認的④：

(一)表明教學目標。

(二)選定適用的教學方法。

(三)連結新舊經驗。

(四)列舉考察學習成績的方法。

(五)顧及學生的個別差異。

(六)具有適當的引起學習動機的方法。

(七)具有重要的討論問題。

㈧具有重要的例證。

㈨具有複習教材。

㈩教學時間的預計,分配恰當。

㈠注意學習上的類化原則。

㈡具有良好的總結。

二、作文運材教學設計的目的與意義

㈠作文教學的目的與意義

教學的目的是為了協助學習者學習。多數學者認為其過程是藝術,亦是科學。

稱之為藝術,係因教學是教師個人學識的展現,此種展現方式自因個人風格不同,而有不同的呈現;然而教學也必須依據教學原理和課程標準,有系統、循序漸進、符合邏輯性地展開,所以它也是一門科學。就此點而言,黃錦鋐有同樣的看法。他在中學國文教學技術運用的本質上,提出藝術、科學與師生情感交流。他說:

> 中學國文教學技術運用的本質,應該是含有高度的藝術配合,精密的科學步驟,還加上師生的情感交流[44]。

而作文教學是國文教學重要的一環,作文教學的教材,若透過科學設計,必能省時省力的達到作文教學的目的。關於作文教學的目的,大陸學者以為:

> 作文教學的目的在於培養和提高學生在學習和工作中必須

具備的常用文體的寫作能力。對中學生來說，一般不要求
具備文藝創作的能力。中學生自學校畢業後，無論未來動
向是升學或是就業，都離不開語文活動，因此必須掌握作
文這一常用的基本工具⑮。

　　由此看來，大陸學者係以工具屬性的角度看待作文教學，其
目的在於工具使用的實用性、一般性，而且相當地生活化。如以
工具屬性的觀點來看國文作文，那麼，國文作文與英文作文的教
學目的是相同的。然而就本國語文的文化傳承角度來看，它們終
究是同中有異的。
　　台灣地區陳宇詮的相關探討，則認為：

　　　作文教學的目的，力求增進學生學習作文的興趣與創作能
　　　力，使學生面對作文時，不再覺得難以捉摸，無所適從，
　　　並反映出他們的生活經驗、知識基礎和思想認識等，進而
　　　提高表達的流暢與完整，達到藝術性與文學性的表現⑯。

陳宇詮的著眼點在於學生的興趣與創作能力的開發，這也是當前
實施九年一貫教育的精神所在。作文教學目的所涵蓋的生活經
驗、知識基礎和思想認識的反映，則涉及作文運材教學之相關主
題。
　　作文是運用語言文字表達思想感情的綜合訓練，是衡量學習
語文程度的重要尺度⑰。在意義方面，大陸學者認為作文教學的
意義絕不限於它的目的本身⑱。陳滿銘則以台灣地區多年來實施
作文教學的實際狀況，言及作文在國文教學上，意義明顯而重

大，他說：

> 作文教學對學生而言，是課內運用文字來表情達意的一種教學，而這種教學，由於公私實際的需要，使得它在國文教學上的意義，顯得格外明顯而重大㊾。

綜上可知作文教學的目的與意義，以及作文教學的重要性。

由於筆者在龐大的作文教學研究領域中，選擇「運材」為研究主題，因此筆者接著嘗試由文學創作的過程對於材料的詮釋歸納，進一步探討作文運材教學設計的目的與意義。

㈡作文運材教學設計的目的與意義

對於文學創作的過程，董崇選將各家說法歸納為「二段論法」、「三段論法」、「四段論法」以及其他㊿。筆者根據前三種說法探討創作材料問題。

「二段論法」認為文學創作要解決兩個問題：創作材料與創作方法的問題。如此的看法，即將創作過程分為「取材」與「用材」兩階段(51)。「三段論法」是指文學創作過程的素材積累階段、藝術構思時期、寫作階段。「三段論法」在「素材積累階段」與「藝術構思時期」，提及「積累素材的階段就是作家接觸外物的時期，那時期創作者可能是無意地在儲存材料（讓五官接觸外物，自然地把印象存在腦中成為記憶），也可能是有意地在收集材料（刻意觀察某些事物，主動用腦或用筆記住某些特殊印象）。」「而藝術構思時期，就是讓無意或有意收集到的素材，在心中產生變化，使成為藝術作品所根據的心中意念或形象。」(52)「四段論法」將文學創作過程分為四段：經驗人生和獲取原料的

階段、過濾與澄清原料的階段、用想像使原料發酵的階段、糾正或改進成品的階段。

依上述各家對創作材料的說法來看運材：就作文而言，運材就是將搜尋、簡別所得的材料加以運用的意思㊼。而經驗人生，其實就是獲取寫作材料的重要課題。

運用寫作材料，可以說已進入了實際寫作的階段。在這階段裡，完全要依據主旨，將一些單純的觀念或抽象的綱要，運用適當的材料，把它們表達得恰如其分，使所立之意得以具體化，產生最大的說服力或感染力㊼。

台灣地區的作文教學是國文教學的一環，筆者以為它的目的在於教導學生如何透過語文寫作來表達自己的情思。其內容或對一個主題進行議論，或對現象探索描述，或對人事物抒發情思，學生將上述所欲表達的內容化為文字之前，必須經過一段醞釀構思的歷程，在這段歷程中，學生會進行審題，然後又會有一連串立意、運材、剪裁、布局及遣詞造句的思索。對於學習者而言，在這段寫作文章的歷程中，運材有著相當重要的位置。大陸學者朱紹禹說：

> 寫作就是把思維的結果用語言表達出來，它是一個積累和書寫的過程。在運用語言寫作過程中，能夠自覺地思維、積累和書寫，就跨上了寫作的成功之路。㊼

這積累和書寫的過程，就是運材的過程。要跨上寫作的成功之路，便要掌握運材之要。在進行作文教學時，教師可透過有計劃的教學，幫助學習者掌握運材之要。

　　作文運材教學設計的目的就是希望藉由教學設計理念，完成
計劃性的作文教學，通過這個學習歷程，能夠協助學生在寫作各
類文章時，對於寫作材料能具有靈活驅遣的運用能力、自由掌控
能力，在寫作文章時，更能適切表達自己的情感和思想。其意義
在於學習者對於生活經驗無間斷地積累與寫作文章時思想不斷地
超越。自九十學年度實施九年一貫課程，九年一貫制要求語文教
師必須進行「統整教學」。在七大領域、十大基本能力原則下，
既縮減授課時數，又必須提昇學生語文能力，倘若不是採用適切
的教學方式，針對寫作能力指標設計教學，勢必難以達到理想
㊚。

　　攸關教師實施作文教學時的課程安排，甚具重要性。因此，
以下接著探討課程標準與作文教學。

三、課程標準與作文教學

　　課程是整體、大範圍的教學設計㊐。課程標準是教育行政機
關依據各級學校教育目標，所訂定的有關各學科的課程目標、教
材綱要及實施通則，以作為編選教材、進行教學的依據。教師從
事教學，如何計劃性地安排、設計教學課程，則須參照課程標
準。課程標準既是教學的依據，因此無論對教材和教法，都有很
大影響㊑。它也是教學設計最重要的部份，是教學活動的方向。
由此可知，課程標準具有規範課程發展和導引教材內容設計的功
能，故必須因應國家政策、社會變遷及學生需要，隨時加以調整
修訂㊒。針對這點來說，我國是否有所因應，以下將作相關討
論。

　　根據過去的資料記載，自光緒二十八年㊓清廷命管學大臣張

伯熙草擬全國學堂章程㉛，到民國七十九年教育部所頒布之國文課程標準為止，修訂有十餘次之多。就課程標準的本身而言，這十餘次的修訂，沒什麼重大改變㉜。變更較大的，要算民國七十二年所頒布的國文課程標準。而作文教學在這次較大的課程標準變更中，也沒有任何影響。

　　其後，因應時代變遷，再度修訂課程標準。自民國七十九年一月二十三日起至八十四年六月七日止，為修訂課程標準，總綱修訂小組委員前後共召開二十次會議方完成總綱草案之修訂。㉝此次重要的課程標準修訂，以教材之比例、範文、課外閱讀、作文、書法說明國文科教材配置比例。由此可見，中學作文仍附屬於國文課程標準的部分內容：作文篇數原規定每學期至少十篇㉞，改為第一、二學年上學期作八篇，下學期作七篇；第三學年上學期八篇，下學期五篇。

　　這次修訂課程標準對於作文教學而言，較大的變化在於篇數的減少。用意在於同時顧及學生與教師：希望學生得以更認真寫作，教師亦能深入仔細批閱。每學期作文中均有二篇為共同訂正，因共同訂正之效果，對大多數同學較佳㉟。課程標準在說明教材配置比例時，作文與課外閱讀相較，課外閱讀尚且強調為實現「增進文藝欣賞與創作能力，開展堅毅恢弘之胸襟」，並適應個別之發展，課外閱讀至為重要，為使課外閱讀更落實施行，獲得確切之效果，故本次之修訂課程標準中對課外閱讀規定自一年至三年級每學期均應閱讀課外讀物一至二本，並硬性規定須撰寫讀書報告，列入作文篇數計算㊱。由此可見，教育當局將作文與課外閱讀視為主從關係。上述之種種可參照民國八十三年十月，教育部修正發布之《國民中學課程標準》㊲。在目標方面，與作

文相關的是「明瞭我國語文之特質，增進閱讀、寫作之能力，及欣賞文學作品之興趣。」而在作文教學方法上，規定⑱：

　　㈠作文習作，得以毛筆或硬筆書寫，批改時亦同。

　　㈡作文命題，應顧及學生之理解能力及表達能力，配合學生生活經驗、節序或與範文相聯繫。

　　㈢作文命題後，教師可視情形酌予提示思考方向及寫作要點，或以短時間之討論，以啟發學生之思路，提高寫作興趣。

　　㈣各種文體之作法，除與範文教學配合外，應作有系統之指導。

　　㈤教師批改作文，應注意其體裁、題旨、理路、結構、造句、遣詞，以及字體、標點符號之使用等。遇有普遍之錯誤，應於發還時共同訂正。如有不同程度之學生，應作不同之批改。

　　㈥學生作文，教師應盡速批改發還，每篇總有總評或眉批。如有錯別字應令學生更正後重寫數遍，以加深其印象。

　　㈦每學年應舉行全校作文展覽一次，以培養學生寫作興趣，增加觀摩切磋之機會。

　　㈧寒暑假期間，宜鼓勵學生練習課外習作，成績優良者予以獎勵表揚。

　　課程標準所規定之作文教學方法，與實際教學結合時，站在教學第一線的中學國文教師，他們強烈反應「教學時數不足」，以

及「作文批改費時太多」。就高中一年級而言，國文科的每週教學時數是四節課，教師必須在這個限制下完成的授課基本內容有範文教學、中國文化基本教材、作文教學。因為教學時數不足的緣故，導致國文一科，連實施範文教學都來不及。再就國中生而言，由於學生瑣碎的事務較多，批改作文及管理學生的行為，佔去教師大部分的時間，更遑論上述課程標準作文教學方法第三點、第四點、第五點、第六點、第七點所論及之做法。如此看來，台灣地區課程標準對作文教學的相關規定與實際教學是有相當大的差距。此外，我們還必須考慮的問題之一是：理論之外，實務經驗也是很重要的。課程標準在修訂的過程中，由於參與層面不足，缺乏基層經驗，因此擴大參與面是必要的⑥。課程標準中的目標是否過於模糊，而須考慮以發展各教育階段基本學力指標，作為訂定課程標準、編製教材與評鑑教育績效的依據，此為問題之二⑩。課程標準修訂時間間隔過長，未能因應社會變遷，此為問題之三⑪。目前我國課程標準的修訂，是由一臨時編組成立的課程標準修訂委員會負責進行修訂，是否要設立一常設機構進行修定與研究，此為問題之四⑫。

　　作文教學在整體課程規劃中，值得重視的則是：台灣現行中學國文課程中，並沒有獨立的「作文」課程可供師生從事作文各種理論的研究及習作，而是寓作文教學於範文教學中。這種方式的教學，較諸中國大陸、新加坡、香港等以中文為官方語言或雙語並行的華人國家而言，是相當不重視作文教學的專業性的。中國大陸自一九八〇年代起即致力於研究「寫作學」，「寫作學」也是中國大陸師範院校的重要課程⑬，可見其對中小學寫作能力之重視。香港當局則在其《課程綱要》的教學目標中提示⑭：須

培養學生閱讀、寫作、聆聽、說話和思維等語文能力⑮。其做法是具體提出香港中六、中七「中國語文及文化科」的課程目標，就是語文訓練和文化認知。其中的語文訓練，師生並沒有教科書，而是在此一課程目標⑯下自行選擇適當的教材進行訓練，教師在選擇教材時，也同時在建構目標族系。新加坡的華文課程則是分成語文和文學兩部分，語文課程同樣沒有共同的教科書，教師在選擇教材時自有其選擇教材的訓練目標。新加坡的初級學院學生年級相當於我國高二、高三的學生，在華文重點學校中，有所謂的「華文特選課程」，選修這種課程的學生專門學習華文古典小說、古典詩詞、現代小說、散文及新詩的創作，而一般初級學院的學生也大多有中文學會，由教師擔任課外的寫作講座。由此種種，可看出華人世界對作文教學的重視。值得討論的是：在台灣地區，撰寫傳統的教學設計時，我們是先有教材才編寫目標，而不是先有目標才選教材，因此在撰寫行為目標時，教師就顯得缺乏自主性，教師必須按照教材去找目標，而不是有了預設的目標才利用教材。這樣的現象更是違反了蓋聶的學說——先有期望，再呈現刺激教材。在教學設計上，目前國內的國文科教學是先給教材刺激⑰，再告訴學生學習目標。唯自九十學年度起，台灣的中小學將實施九年一貫課程。原來分為一、二十科的國中小課程，被整合為七個領域；上課時間減少，學校老師可彈性運用五分之一的空白時間；課程的內容，由知識導向轉為學以致用的能力導向；上課方式由被動的按固定教材、趕進度，改為按課程標準及綱領，由老師自行研發設計教材，教學也由老師個人的單打獨鬥，改為合科群體協同教學⑱。此點前已述及，於此不再贅述。我們明瞭撰寫傳統的教學計畫所受的限制，也進一步體認

九年一貫的精神，那麼在進行作文運材教學設計時，在教材未固定的狀況下，或許最容易預先克服傳統教學設計的缺點——先有教材才編寫目標。

註　釋

①網址為 http://datas.ncl.edu.tw/ 。

②鄭博真：〈台灣地區寫作及其教學研究的回顧與展望〉，《民國以來國民小學語文課程教材教法學術研討會論文集》（國立新竹師範學院語文教育學系單篇論文，1999 年），頁 75 。

③同②。

④參見全國博碩士論文摘要檢索系統，網址為 http://datas.ncl.edu.tw/cgi-bin/theabs/fulltext.cgi 。

⑤賴慶雄：〈三十年來作文教學參考書目舉要〉，《華文世界》第四卷第四期（1985 年 7 月），頁 45-48 。

⑥王志成所分出的十五類作文教學參考書目是指：1.教學理論類2.文體類3.童詩類4.日記類5.提早寫作類6.看圖作文類7.作文與修辭類8.作文與閱讀類9.作文與成語類10.作文與開頭結尾類11.教學實務類12.作文評選類13.作文批改檢討類14.作文百科類15.其他類。〈小學作文教學參考書目初稿〉，《國立編譯館通訊》第十卷第一期，頁 52-70 。

⑦同⑤，頁 45 。

⑧同⑤，頁 45-48 。

⑨大學入學考試中心：《語文表達能力測驗》研究資料，頁 1 ，1996 年。

⑩同⑨。

⑪同⑨。

⑫林繼生：〈語文表達能力測驗——大學入學考試的新神主牌？〉，《國文

天地》第十六卷第八期（2001 年 1 月），頁83。

⑬轉引自曾祥芹主編：《文章學與語文教育》（上海：教育出版社）。

⑭范文芳：〈台、港兩地中學語文教材比較舉隅（上）〉，《國文天地》第
七卷第七期（1991 年 12 月），頁93。

⑮李奉儒：〈比較教育研究之回顧與前瞻：國際脈絡中的台灣經驗〉，師大
教育學系教育部國家講座主編《教育科學的國際化與本土化》，（台北：
揚智文化出版社，1999 年），頁431。

⑯張承明：《中外語文教育比較研究》（昆明：雲南教育出版社，2000 年
10 月1 刷），頁8。

⑰資料轉引自大學入學考試中心：《語文表達能力測驗》研究資料，1996
年，頁4-5。

⑱同⑰，頁5-6。

⑲同⑰，頁9-13。原始資料來源：General Certificate of Secondary Education
Nation Curriculum-Key Stage4 English1994 syllabus 1202. University of
London Examination and Assessment Council.

⑳公元二〇〇二年台灣地區語文表達能力測驗試題係轉引自李靜修：《高
中國文學科能力測驗的策略》（高雄：晟景文化事業股份有限公司，
2002 年6 月），頁139－141。

㉑這個族群填寫作文教學意見調查表包括兩位大學老師，此外尚有高職老
師二位，筆者謹記大家的寶貴意見，但兩位大學老師及高職老師不在本
論文的研究之內，因此意見調查表的結果不列入量化的統計內容。

㉒該校共計七位國文老師。

㉓頭城家商屬於高職，不在本論文的研究範圍內，故問卷內容僅供參考，
不在統計範圍內。

㉔各家之調查結果轉引自黃尤君：《台灣地區國小作文教學觀念演變之研

究》，（台東：台東師範學院國民教育研究所碩士論文，1996年6月），頁9-11。

㉕仿寫與擴充之勾選人數皆為九十四人。

㉖此題可複選。

㉗此題可複選。

㉘此題可複選。

㉙參見王義明：〈問答台〉，《語文教學通訊》第一六八期（1993年），頁55。

㉚填寫意見調查表的老師說：「只有師生都對作文有興趣，作文教學才容易成功。」

㉛填寫意見調查表的老師說：「有關作文教學的資料缺乏。」

㉜另外有老師認為：「學生胸無材料，自然揮灑不開，閱讀指導課實優於作文課。」

㉝另外有老師說：「國文課時數不足，有時會犧牲作文課讓學生將作業帶回家，品質往往不佳。」

㉞填寫意見調查表的老師說：「教學時數不足，影響作文篇數，學生習作的機會減少。」

㉟填寫意見調查表的老師說：「作文教學係小班教學、個別指導的效果較佳，目前一班的學生大約為四十至五十人左右，每學期作文篇數又多，實在是心有餘而力不足，批改作文已經改得麻木了，批改作文後，又如何有時間和同學互動討論呢？」

㊱張祖忻、朱純、胡頌華編著：《教學設計》（台北：五南圖書出版公司，1997年4月），頁146。

㊲R.M.Gagné，L.J.Briggs，W.W.Wager原著，陳正昌等合譯：《教學設計原理》（台北：五南圖書出版有限公司，1996年3月初版一刷），頁4-

6 。

㊳同㊲，頁421 。

㊴同㊲，頁327 。

㊵蔡清田：《課程改革實驗》（台北：五南圖書有限公司，2001 年1 月初版一刷），頁73 。

㊶同㊲，頁359 。

㊷同㊲，頁383 。

㊸吳國民：《創造思考教學之實踐》（台北：國立台灣師範大學，1987 年7 月），頁144 。

㊹黃錦鋐：《語文教學論叢》（基隆：法嚴出版社，2000 年1 月初版），頁14 。

㊺李行健：《中學語文知識手冊》（天津：人民出版社，1984 年），頁987 。

㊻陳宇詮：《引導兒童作文教學之探究－自修辭的角度切入》（國立台北師範學院課程與教學研究所碩士論文，2000 年6 月），頁10-11 。

㊼同㊺，頁1 。

㊽同㊺。

㊾陳滿銘：《作文教學指導》（台北：萬卷樓圖書有限公司，1997 年10 月出版二刷），頁3 。

㊿董崇選：《文學創作的理論與教學》（台北：書林出版有限公司，1997 年10 月一版），頁113-123 。

(51)同㊿，頁113 。

(52)同㊿，頁118 。

(53)同㊾，頁153 。

(54)同㊾，頁153 。

(55)轉引自王立昕、尚春梅主編之《積累與作文》(長春：東北師範大學人民出版社，2000年6月二刷)，卷首之叢書題詞。

(56)江惜美：〈國小中高年級作文教學法〉，《語文教育通訊》第二十二期。

(57)方德隆：《課程與教學研究》(高雄：復文圖書出版社，1999年6月出版一刷)，頁50。

(58)黃錦鋐：〈近四十年來我國高中高職國文教材教法的回顧與展望〉，《教育資料集刊》第十五輯（1980年6月)，頁4-16。

(59)同(57)，頁309。

(60)西元一九〇二年。

(61)即所謂欽定學堂章程。

(62)同(58)，頁4。

(63)台灣省台北縣區高級中學八十六學年度國文科新課程標準專業知能研討會參考資料：《國文科新課程標準》，1998年，頁65。

(64)與民國七十二年公佈之課程標準相較。

(65)同(63)，頁80。

(66)同(63)，頁80。

(67)《國民中學課程標準》於民國八十三年十月發布，民國八十四年五月出版，由教育部編印。國民中學課程標準實施要點之一：依據新課程標準所編輯之教科用書於八十六學年度起逐年試用修訂，並自八十七學年度起正式使用。

(68)依部編《國民中學課程標準》，頁29。

(69)陳伯璋、林山太：《學前至高中階段課程與教材的主要問題》(台北：行政院教育改革審議委員會，1996年12月1日)，頁21。

(70)同(69)，頁135-136。

(71)同(69)，頁21。

⑫同上註,頁20。

⑬劉忠惠主編:《寫作指導》(高雄:麗文文化,1996年),頁6-7。

⑭楊熾均:〈中文科教學與思維訓練〉,《台灣、大陸、香港、新加坡四地中學語文教學論文集》(台北:國立台灣師範大學中等教育輔導委員會主編,1995年5月初版),頁242。

⑮指中學的「中國語文科」而言。

⑯指「語文訓練」包括聽、說、讀、寫及思維等訓練。

⑰指課本範文。

⑱殷允芃:〈有海闊天空的老師,才有海闊天空的未來〉,《天下雜誌》1998教育特刊(1998年11月18日),頁11。

第三章

作文運材的類型

　　寫作文章之際，無論使用何種方式運用材料、所運用之材料屬於何種性質、材料來源是何種屬性，作文運材之首要原則在於「緊扣題旨」。也就是文章內容所運用的虛材、實材、事材、物材，必定緊扣文章題旨、適切文章題旨作發揮。否則，即使材料珍貴，但此珍貴材料與題旨無任何關聯者，即當捨棄不用。陳滿銘指出：

　　　　要用主旨打通所有的材料，用材料檢驗主旨。

　　同時，作文運材的過程，其實是將虛材、實材、事材、物材，賦予個性化的過程，賦予寫作文章者，觀察事物的角度，獨特的情趣和性格。

　　就運用詞章材料的基本手段而言，有賓主、虛實、正反、順逆、抑揚、因果等方法①。使用賓主、虛實、正反、順逆、抑揚、因果等方法運材寫作，也應把握「緊扣題旨」這一重要原則。掌握運材「緊扣題旨」這一重要原則之後，學生如何運用作文材料，從無到有、從混亂到秩序性地組織一篇「緊扣題旨」的文章呢？這就涉及文章素材的布局。陳滿銘以為在安排作文材料時，對一般學生來說，則只要合乎秩序、聯貫、統一的布局原則就可以了②。陳滿銘對秩序、聯貫、統一曾做這樣的說明：

所謂的秩序，就是將各個材料，依遠近、大小、今昔、本末、輕重等次序作適當的安排，以使文章層次分明。所謂的聯貫，就是將各個材料，用聯詞、聯語、聯句或關連節段作緊密的接合，以使前後連成一個整體。所謂的統一，就是將各個材料，用主旨或綱領作貫穿，以使文章維持一致的思想情意。③

以下就寫作文章的材料安排，順次說明秩序、聯貫、統一，三項布局原則：

一、秩序原則

秩序原則是就作文材料次第的配排來說的。寫作時通常可依空間、時間或事理展演的自然過程作適當的安排。這種安排材料的方式，最常見的亦可依空間、時間或事理分為三種。

以空間材料的安排方式而言，有「由近及遠」、「由遠及近」、「由大而小」、「由小而大」等；以時間材料的安排方式而言，有「由昔及今」、「由今及昔」、「由今而昔而今」等；以事理展演過程的安排方式而言，有「由本及末」、「由末及本」、「由輕及重」、「由重及輕」、「先實後虛」、「先虛後實」、「先凡後目」、「先目後凡」等。其中「事理展演」之「先凡後目」、「先目後凡」，陳滿銘老師後來將之歸納至聯絡律中。⑥

二、聯貫原則

聯貫原則可用在寫作文章時，安排材料前後的接榫。這種材

料前後接榫的方式頗多。屬於基本性質的，有聯詞、聯語、關聯句與關聯節段等四種；屬於藝術層面的，則有就局部而言的前呼後應，與就整體而言的一路照應等。

三、統一原則

統一原則是就寫作材料情意的統一來說的。每個作家在寫作文章時，都努力地使文章從頭到尾維持一致的思想情意。因此作家在寫一篇文章時，都有確定的主旨或綱領，用以貫串全文，這樣才能使文章產生最大的說服力或感染力。

熟悉布局三項原則，我們接著依照材料的來源、材料的性質、材料的使用方法來探討作文運材的類型。

第一節　就材料的來源區分

寫作文章所需運用之材料，可依照材料來源區分為「實材」與「虛材」兩種。所謂實材，在中學生而言，包含課內學習讀書與課外生活點滴。李曰剛論及作文材料時，說過：

> 除一部份在於臨時的感興和構思，大部分要靠平日的積
> 儲。這積儲的方法，大概不外讀書、體驗和觀察三事。⑨

李曰剛論及「儲材」之「讀書」、「體驗」和「觀察」三事，對中學生來說，指的即是「課內學習讀書」與「課外生活點滴」。「課內學習讀書」之實材，諸如課文材料吸收以及運用材料的方法。「生活點滴」之實材，則包含學習、勤觀察、成長過程中的

紀錄。虛材則是虛構的材料運用,這是說在寫作文章時,為求文章內容的豐富或者說理圓融周到,虛擬合理情境或事件。

探究虛材與實材,必先論析「虛實法」。陳佳君在其《虛實章法析論》的研究中,提出「虛實相生的和諧美」⑥,自作文運材的角度言之,可見寫作材料在虛材和實材的安排上,如能留心運用方式,應能達成章法的和諧美。

以下便就虛實法之理論及其在中學國文課本裡的實踐,說明寫作材料的來源。

一、理論

關於「虛實法」,陳滿銘表示:

> 所謂的「虛」,是「無」,是抽象;所謂的「實」,是「有」,是具體。⑦

陳滿銘認為一個作家於創作之際,在運材上,通常從「有」與「無」兩方面著手,他說:

> 一是就「有」,運用當時所見、所聞、所為的實際材料;一是就「無」,運用憑著個人內心的感覺或想像所捕捉或製造的抽象材料。兩者在一篇文章裡,往往是並用的。其中有就情景而言的,情是虛,而景是實;有就空間而言的,凡窮目力,寫眼前所見的,是實,而透過設想,寫遠方情況的,則是虛;有就時間而言的,凡是敘事、寫景或抒情,只限於過去或當前的,是實,透過想像,伸向未來

的，則是虛。⑧

　　陳滿銘並以國中國文第五冊第十五課的〈滿江紅〉詞作詳細的解
說，認為〈滿江紅〉詞是採先實後虛的形式所寫成的作品。他表
示此詞筆力雄奇，寫出作者滿腔的忠憤。首四句，藉憑闌時視覺
感官所見「瀟瀟雨歇」之景致為實際材料與當時個人「怒髮衝
冠」、「仰天長嘯」的本身形象，具寫壯懷激烈。「三十功名塵
與土」兩句，由果而因追念過去，分敘「壯懷激烈」的頭一個原
因，在於征戰南北，功業未成。再以「莫等閒」兩句承上，再就
未來分敘「壯懷激烈」的另一個原因，在於時日無多，深悲自己
會「白了少年頭」。換頭四句，則承上片的「壯懷激烈」，總括上
兩個分敘的部分，寫國恥未雪的憾恨，拈明一篇主旨，大力地將
一腔壯懷，噴薄傾吐。「駕長車」三句，材料使用由實轉虛，透
過設想的虛材，採示現的修辭技巧，描寫驅車滅敵、湔雪國恥的
情景，以材料建構出「氣欲凌雲，聲可裂石」的氣概。結尾兩
句，材料安排依然以虛寫的形式，進一層寫湔雪國恥後，朝覲天
子的理想結局，以收拾全詞，顯得神完而氣足，誦來足以令人起
頑振懦。⑨

二、實踐

㈠虛材運用實例⑩
　　筆者以〈桃花源記〉說明寫作材料「虛材」之運用。
　　〈桃花源記〉，全文運用虛擬材料，建構作者心中的理想國。
宋・范晞文《對床夜話》卷二引《四虛序》云：

> 不以虛為虛，而以實為虛，化景物為情思，從首到尾，自
> 然如行雲流水，此其難也。⑪

桃花源是陶淵明建構而出的虛擬國境，卻讓人覺得此虛擬國境是
如此真實，其原因就在於「不以虛為虛，而以實為虛」。從漁人
進入桃花源，自出桃花源止。漁人感官所及之景物，小溪與繽紛
落英、田家景象，其實是身邊日常生活輕易可見之物。如此平凡
的事物化為情思，從首到尾，指涉作者安定心境的投射。

　　仇小屏在《篇章結構類型論》中，提到一種虛構與真實的對
應章法：

> 在「虛」與「實」的對應中，有一類是「假」與「真」的
> 對應，落實到文章上，就是「虛構」與「真實」。「虛構」
> 指的是材料全是空想得來，從來不曾在現實世界中發生
> 過；「真實」則是指文中所用到的事材、物材全是真實的
> 人、事、景、物。然而所謂的虛構，並非荒誕無稽之語，
> 反而應該是從現實生活中提煉出來的精粹，因此是出於現
> 實而超乎現實。⑫

這段文字說明篇章的「虛實」對應，十分切當。以〈桃花源記〉
而言，〈桃花源記〉的情節是屬於全篇虛構的類型，其目的在於
透過虛擬的情境，建構真實世界所無法達成的理想。唯陶淵明所
虛構出的世界，卻是從現實生活之中提煉出來的精粹，其精神是
出於現實而超乎現實的。

　　〈桃花源記〉的記敘方式，是以時間先後次敘的安排為主，

從漁人接觸理想世界的緣起,到進入桃花源之中,再到出桃花源
為止,屬於「秩序原則」中的順敘法⑬。而在寫作材料的銜接處
理上,具有許多的蘊涵變化方式。以下按照文章情境所虛擬的進
程開展次第,依序說明陶淵明立足於現實之上所建構而出的虛擬
國境:

1.漁人接觸虛擬世界的緣起

這個部分是從「晉太元中,武陵人」至「便舍船,從口入」
止。主要是說明漁夫發現桃花源的緣起。

時間的虛擬安排,架構在現實的基礎之上-晉太元中。主角
人物以漁人登場,不以樵夫、走卒或者其他達官要人,「漁人」
與「愚人」又諧音雙關,此中的材料安排自有趣味。

其次說明發現桃花源的經過,經過情形的寫作材料安排,運
用的是「因果法」。

「緣溪行,忘路之遠近」為「因」,「忽逢桃花林,夾岸數百
步……便舍船,從口入。」則為「果」。漁人忘路之遠近,也渾
然忘我,愈走愈遠,因此進入了一個如夢似幻的虛擬世界,虛虛
實實,實實虛虛。而此「果」,又形成了另一層因果關係。漁人
發現了一片如畫的美景,所以使得他有向前探索的欲望。而這
「因」與「果」之下,又分別可再析出第三層因果關係。在「因」
的部分,因為看到清淨無染的桃花林,又見到鮮嫩的青草及繽紛
的花朵,結果使得漁人「甚異之」。「忽逢桃花林,夾岸數百
步,中無雜樹」,是由宏觀的角度而得,「芳草鮮美,落英繽紛」
則是細部的描繪,這樣就造成了視覺感官「小大」對應的美感。
而「果」的部分則是因為漁人繼續向前,所以發現山中透著小
口,口中有光,結果他「便舍船,從口入。」

2.材料接榫安排

「初極狹，纔通人，復行數十步，豁然開朗」，這段話是由洞外進入洞內的一個聯接的橋段。在寫作材料的運用上，這是一個重要的接榫安排，其作用可使下一段描寫洞內情景時，自然有如行雲流水一般。

3.漁人置身於桃花源的虛擬造景

陶淵明對漁人在桃花源中的寫作材料安排情形，是以先「目」後「凡」的方式來處理。

首先，陶淵明敘述漁人在桃花源中的所見所聞，再總括出這一切事物皆「不足為外人道也」，指出虛擬國境之人有意與真實世界疏離。

「目」的部分是由「景」與「事」兩部分構築而成。

景物的材料處理，採用由「大」而「小」的人工造景進行描述。「土地平曠，屋舍儼然」言其「大」，而「有良田、美池……，黃髮垂髫，並怡然自樂」則言其「小」。「小」處之材料安排又是由「自然」與「人事」兩方面之造景下筆。「自然景物」採視覺造景之良田、美池、桑竹之屬，阡陌交通等等，聽覺造景則用雞犬相聞之聲組合而成。「人事之景」則來自視覺觀察造景，諸如其中往來種作，男女衣著，悉如外人及漁人感知之黃髮垂髫，並怡然自樂。

在桃花源中，漁人和村人的互動，成為「事材」的虛擬造景。

首先敘述「邀約」，寫作運材之安排方式係採用因果法以為銜接。「見漁人，乃大驚」是「因」的虛擬材料安排，「問所從

來……便邀還家設酒、殺雞、作食」為「果」的虛擬材料安排。
唯「果」中又有「因果」材料之層次安排：因漁人對村人的問題
具解答作用，且村人之性情質樸，不與人爭，結果村人對他毫無
防備，甚而盛情款待。

　　「問訊」之處的材料安排，則運用了「今昔今」的虛擬時間
變化。

　　先是「今」的材料建構——「村中聞有此人，咸來問訊」，
然後是回憶從前，亦即「昔」的材料建構——「先世避秦時亂…
…遂與外人間隔。」，最後又將虛擬時間拉回現實，也就是
「今」，而這一個現實的描述又以因果法運材。因村人「問今是何
世，乃不知有漢，無論魏晉。」於是漁人「一一為具言所聞」，
結果村人「皆嘆惋」。最後部分的材料虛擬安排，從「餘人各復
延至其家，皆出酒食」可見村人的盛情招待。而漁人「停數日，
辭去」則見其對於真實世界的眷戀。

　　4.出桃花源後之餘事

　　從「既出，便扶向路，處處誌之」，一直到結尾「無問津
者」，描述漁人出桃花源後的情形，這部分的材料安排也是以因
果法構築而出的虛材。

　　「因」的部分由兩件事虛擬構成：一是「太守不復得路」，以
及「劉子驥尋之未果」。這兩件事又可再各分為因果層次來陳
述。因為漁人處處誌之，回去後立刻報告太守，才會有太守遣人
往卻不復得路的結果。而劉子驥欣然規往，結果還沒找到就因病
逝亡。經過這二次找尋不得後，桃花源從此「無人問津」，一個
美好的理想世界，再也沒有被發現過。

　　〈桃花源記〉以樸實的文字，虛擬出華麗迷離的夢幻世界，

讀來令人神往，不禁令人自然產生一睹其境的渴望。在寫作材料的安排上，稱得上是「虛實法」的經典之作。

(二)虛實材料運用實例

1. 〈飲馬長城窟行〉

高中國文第一冊範文〈飲馬長城窟行〉，全詩以女子的口吻思念遠方的良人。先以翠綠的河邊草起興，引起對遠方丈夫的思念，此處採「泛寫」。接著具寫「夢境」與「讀信」。敘述「夢境」之處，便運用了「先虛後實」的材料安排，虛寫入夢情景，再對照出夢醒後現實場景的惆悵。其結構分析表如表3.1.1 ⑭：

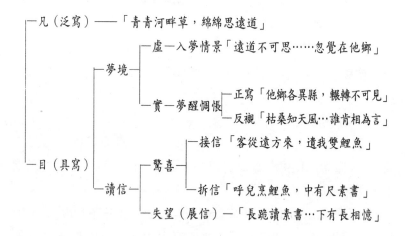

2. 〈長干行〉

〈長干行〉之作，出現在高中國文第二冊⑰。

全詩描述一對天真無邪的男孩與女孩，青梅竹馬、兩小無猜的相知相戀，進至不得已的聚合散離，是李白樂府中的傑作，表現李白對婦女命運的深刻同情。此詩採用第一人稱作敘述，用時

間線索安排寫作材料。自童年階段的青梅竹馬到十四歲結婚、十五始展眉的愛情昇華、十六君遠行的離別、門前遲行跡的等待與離愁，時間消磨了思婦的紅顏。末四句「早晚下三巴，預將書報家，相迎不道遠，直至長風沙。」書寫盼望丈夫早日歸來的急迫心惰，文章材料的結構安排是「先實後虛」。其分析表如表3.1.2 ⑮：

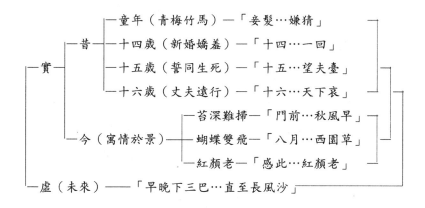

3.〈大德歌〉

〈大德歌〉以「實、虛、實」的方式架構材料。

先以蕭瑟的風雨聲，烘托女子的情懷，暗點曲旨「愁」字。再寫女子輾轉難眠的情狀，末兩句寫秋蟬鳴叫及雨打芭蕉的秋聲，具象出相思之苦。其結構分析表如表3.1.3 ⑯：

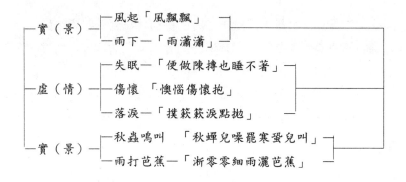

```
        ┌─風起「風飄飄」────────┐
  ┌實（景）┤                        │
  │     └─雨下─「雨瀟瀟」────┘          │
  │                                        │
  │     ┌─失眠─「便做陳摶也睡不著」─┐    │
  ├虛（情）┤─傷懷「懊惱傷懷抱」        │    │
  │     └─落淚「撲簌簌淚點拋」────┘    │
  │                                        │
  │     ┌─秋蟲鳴叫「秋蟬兒噪罷寒蛩兒叫」─┐ │
  └實（景）┤                              │
        └─雨打芭蕉─「淅零零細雨灑芭蕉」─┘
```

三、小結

　　多媒體網路打破傳統時間與空間的概念，建構了二十一世紀新的視覺學習意象。然而早在古老的中國，文人已經透過豐富的想像穿過時空束縛，以實材、虛材交互運用塑造建構出各種虛擬世界，成就許許多多的優秀作品，其屬性與網路虛擬世界幾無分別。

　　「虛實法」便是一種在前衛之中建構古典的章法架構。

第二節　就材料的性質區分

　　筆者在本節以「事材與物材」的理論及其在中學國文課本裡的實踐，探析作文運材的類型。

一、理論

　　寫作文章所運用的材料性質，可分「事材」與「物材」兩大類。所謂的「事材」，可以是真實事件，也可以出自作者杜撰之

虛擬安排。就事實而言，又以過去的事實被運用得最多，而所謂「過去的事實」，則大都為典故。在「物材」方面，歷來許多的詞章家都喜歡以「物材」來表情達意。他們將沒有情感的「物」，賦予一份情感，使「物」產生了意象，和自己內在的情感結合在一起，達到情景交融的境界，所以王國維在《人間詞話》中說：「一切景語皆情語。」即為此意。

　　詞章的義蘊與運材的關係極其密切，部分作品雖在篇內已表出主旨⑰，卻由於主旨是抽象的，必須經由「事」與「物」作具體之闡明；而有些作品是主旨置於篇外的情況，這就必須經由作者所用的材料⑱去追索它的義蘊。可見寫作文章時，作者運用的材料與它的義蘊之間，有密不可分的關係。

　　「事材」和「物材」的運用原則，在於表出文章的義蘊。陳滿銘以為：

　　　　文章的義蘊是抽象的，而所運用的材料是具體的。運用具
　　　　體的材料寫作文章來表出抽象的義蘊，才能使文章發揮最
　　　　大的說服力與感染力。⑲

　　據此，筆者此節在論及寫作文章所運用的材料性質之前，先談文章的義蘊與運材之密切關係，再藉範文教學實例分析，以說明寫作文章所運用之「事材」和「物材」。

二、實踐

　　筆者以中學課文〈陋室銘〉及〈木蘭詩〉為例，進行寫作材料性質分析⑳，以為教學實踐。

㈠〈陋室銘〉材料分析

1.事材方面

〈陋室銘〉所使用的事材均出自「過去的事情」。作者以諸葛亮、揚雄及孔子之事鋪敘說理，這些事材和主旨有很深的關係。這篇文章之所以受到後人讚賞的原因雖多，但主要還是在於它有兩大特色，秦饗明以為首先在於立意高。他說：

> 室以陋名，從表面上看，是因為其室確很簡陋，進一層看，是作者甘居陋室、自適其適，而並不以此為恥、為憂。那麼，為什麼會如此？作者在文中點出了其中的原因——「惟吾德馨」。正因為有這個「德」，所以即便此室再陋，作者也覺得「何陋之有」。在這裡，外在的陋與內在的德形成強烈的反襯。㉑

秦饗明將「陋」室與作者之才「德」，作一明顯對比，以為「立意高」之說明。

〈陋室銘〉的特點之二，在於文字簡短凝練，韻中有散，層次清晰。㉒筆者接著以「南陽諸葛廬」、「西蜀子雲亭」、「孔子云：『何陋之有？』」三方面說明〈陋室銘〉之事材運用，以及在這樣的材料安排之下，作者建構而出的兩項特點。

(1)南陽諸葛廬

諸葛亮，字孔明，徐州琅邪郡陽都縣人㉓。自小失去依靠，和弟弟在去襄陽西二十里的隆中築了一間草廬居住下來㉔。他懷才以待名主，一如姜子牙垂釣渭水之濱以待文王㉕。諸葛亮期許

自己可以像管仲、樂毅一樣展現自己政治、軍事上的才能。歷史上劉備三顧茅廬的故事已是大家耳熟能詳的，劉備識英才，不惜屈身三顧，諸葛亮擁有不世出之才華，他試了劉備的誠意後，也為蜀漢鞠躬盡瘁，死而後已。杜甫詩：

　　三顧頻煩天下計，兩朝開濟老臣心，出師未捷身先死，長
　　使英雄淚滿襟。㉖

　　為報答劉備知遇之恩，諸葛亮竭盡股肱之力協助「兩朝」：劉備與劉禪。雖然終究沒有為蜀漢爭得天下，但諸葛亮卻「長使英雄淚滿襟」，萬古流芳。劉禹錫引用此典故，用世之心可明，才華橫溢的他怎甘心長期流落在外而不被重用呢？據說諸葛亮逃到隆中，自食其力，搭建草屋，所種稻穀收成極佳，人問其妙，他回答：「豐收沒巧，勤勞是寶。」㉗不禁使人想起「種豆南山下，草盛豆苗稀」的陶淵明。同樣都是隱居，諸葛亮顯然擁有更多生活的智慧。「文如其人」，劉禹錫貶謫在外，也認為品德比物質生活重要得多，但他的心畢竟不滿足於此，從〈陋室銘〉可知：他要過的並不是隱逸的生活，而更想追求如諸葛亮的一展長才，他修養品德，不因被貶而自暴自棄，他是和諸葛亮一樣勤奮的。諸葛亮人稱臥龍先生，是一條隱居的龍。在〈陋室銘〉中，劉禹錫也寫下「水不在深，有龍則靈」的文句，隱隱約約地和諸葛亮的稱號對照著，內心應該也盼望和名垂千古的臥龍先生一樣，得遇明主後，可以高飛天際。

　⑵西蜀子雲亭

　　揚雄，字子雲，成都人。子雲亭是揚雄住過的揚子宅，又稱

草玄堂，文章為了押韻寫成了子雲亭，遺址在今成都少城西南。揚雄幼時家貧，口吃，但喜好讀書。早年喜愛辭賦，後轉往哲學和語言的領域作研究。據說他到了古稀之年還向全國到長安來的孝廉、士兵等詢問各地的方言，仔細記錄再比較研究⑳，好學精神十分可貴。揚雄在辭賦方面也有很高的造詣，每作一賦都精思苦吟，屬於認真型的文人。他「為人簡易佚蕩，不慕富貴」㉙，家雖貧而好古樂道。這和劉禹錫簡約樸素的陋室生活相似，劉禹錫的心中必定也如揚雄一樣安貧樂道，不以富貴為追求目標。揚雄晚年家貧，很少人到他居所拜訪，卻有一些好學的人去向他學習；劉禹錫則和一些有學問的人交往，不和俗人往來，這和揚雄的情況也有些類似。揚雄是一位全方位的文人，劉禹錫亦是。劉禹錫以詩作揚名於世，文章亦時有佳作，對揚雄又怎能不惺惺相惜呢？兩人都學富五車，而劉禹錫生逢戰亂時代，就更想在政治上有一番大作為。

(3)孔子云：「何陋之有？」

這是本文的最後一句，以孔子的話作為有力的證明，統括指出「陋室不陋」。典故出自《論語‧子罕》，原文是：

> 子欲居九夷。或曰：「陋，如之何？」子曰：「君子居之，何陋之有？」㉚

意指君子擁有豐富的精神內涵，即使居處蠻夷之邦，也不粗俗簡陋。劉禹錫創作〈陋室銘〉，運用這項事材作為「陋室不陋」的明證。他在引用時，有意略作刪減，未把「君子居之」四字引出。使用這樣的暗寫手法，除了增加讀者餘味無窮的想像之外，

也顯出作者的謙遜，一位君子不須說出自己的才德，他人就自然
會做出評價。

　　2.物材方面

　　⑴龍

　　「龍」是華人眼中的吉祥物，有關龍的成語也大多指涉正面
的意涵。龍可以代表皇族，中國人也自詡為「龍的傳人」，而所
謂「人中之龍」指的就是眾人當中最優秀、最傑出者。小民說：
「自古傳說下來的神龍，上天會飛，騰雲駕霧，入水能游，興風
作浪。」㉚能夠上天入水的描繪，表現了龍的神通廣大。《左傳》
中說：「深山大澤，實生龍蛇。」㉜不是非常之人豈可稱之為
龍？古人將天上群星分為二十八宿，東方七宿就叫蒼龍，可見古
人對星辰的崇拜和龍也脫離不了關係。歷代有關龍的傳說俯拾即
是，如：神農氏長得人面龍顏，據說其母親就是懷了龍種；黃帝
請龍助戰，打敗蚩尤，後又成龍升天；漢高祖、隋文帝、唐太宗
等君王莫不是靠著龍瑞或有關龍顯現的傳說，加深人們的崇拜。
而讓劉禹錫心生欽慕的諸葛亮就是臥龍先生，等著明君來發掘。
㉝劉禹錫又何嘗沒有用世之心呢？扼要兩句「水不在深，有龍則
靈」，除了帶出「斯是陋室，惟吾德馨」的作用外，也和後文的
「南陽諸葛廬」相互映照，肯定自己的才能，盼能如諸葛亮般一
展抱負。

　　⑵素琴

　　「琴是中國古老浪漫的情懷中，不可或缺的一部份。」㉞孔
子以六藝教導弟子，琴可視作是六藝之「樂」的重要內容。琴是
我國八音樂器中的絲類樂器，是最早的樂器之一。琴的發明，有
人說是伏羲氏，有人說是神農氏，也有人認為是虞舜。雖無信史

可證，但可見琴是淵源已久的樂器。「各個時代的琴都有一定的特色，比較明顯的是唐宋的琴，一般來說，唐琴圓形的弧度大，宋琴則偏向於扁而寬。」㉟在這裡，我們不必探究劉禹錫所彈的琴是什麼樣式，但這可對我們的想像多一分幫助，想像劉禹錫在彈琴時的高雅畫面。唐代詩人劉長卿有首詩〈聽彈琴〉：「泠泠七絃上，靜聽松風寒。古調雖自愛，今人多不彈。」唐代音樂發生變革，燕樂成為流行，樂器以琵琶為主，公眾欣賞趣味改變，能夠表達心情歡愉的音樂，成為民眾的最愛，高雅的琴聲反而曲高和寡了。可見唐時琴在市井已沒落，但在文人雅士中仍很流行㊱。例如李勉官居宰相，但精於琴道，能彈奏、寫曲，甚至製琴；劉禹錫的好友白居易曾自稱生平有三好，即詩、酒和琴㊲；劉禹錫是一位文人，自然對琴有一定的涵養，況且在〈陋室銘〉中又提到「談笑有鴻儒，往來無白丁」，和他結交的既是碩學鴻儒，自然彈琴、聽琴就是他們的消遣娛樂了，而一般的俗人自然不可能了解劉禹錫的心情，更不要說是在唐代那種俗樂流行的社會，作者的清高與自許恐怕只能寄託於彈奏素琴中了。這裡的「彈素琴」和前文的「談笑有鴻儒，往來無白丁」兩句話可說是互相照應。「彈素琴」就代表了劉禹錫不隨俗浮沉的清高與氣質。而為何還要強調是「素琴」呢？因為此篇既名為「陋室銘」若作者彈奏的是鑲有美玉的琴，便顯得不搭調，而「素」字正足以表現作者不追求虛名的高雅閒淡。

(3)絲竹

中國樂器分為八音：金、石、絲、竹、匏、土、革、木。絲類樂器指用彈奏方式發音的琴、瑟與箏，此外琵琶、箜篌、胡琴亦屬之。古時以蠶絲作絃，其中琴瑟發出的聲音較箏為低沉，箏

較明亮。文人雅士藉由絲類樂器修身養性，如翁森的〈四時讀書樂〉就有「瑤琴一曲來薰風」的句子，可見音樂與讀書是不可分割的一體。竹指笛和簫，是吹管樂器，屬輕吹的樂器。㊳雖有八音，但常以絲竹作為代表，代替音樂。絲竹樂有四個特點：小、輕、細、雅㊴，很符合文人雅士的愛好。在茶餘飯後或欣賞美景之時，若能彈奏或吹奏幾曲，真可說是風雅至極。在唐代，樂器製作與演奏技術均大幅提高，絲竹的種類真是不勝枚舉㊵，而劉禹錫身當唐代，又是詩人，還被喻為詩豪，何以在〈陋室銘〉中要說「無絲竹之亂耳」呢？因為前面提到的「調素琴」，已足夠代表文人對音樂的愛好與熟悉，其他的音聲只會擾亂作者的思緒，缺少這些擾人的聲音，更能顯出陋室的安靜與作者高潔。

3. 〈陋室銘〉結構分析表

〈陋室銘〉全文結構分析表如表 3.2.1 ㊶：

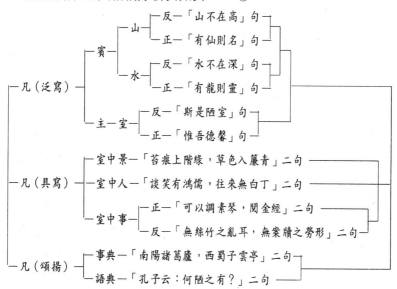

㈡〈木蘭詩〉材料分析

> 1.事材方面

　　本詩內容既以敘事為主，事材的運用當然豐富，又因是民間作品，故無典故的運用，行文流暢自然，事材亦多自生活和戰爭中擷取。筆者列述如下㊷：

　　⑴自「唧唧復唧唧」至「惟聞女歎息」四句

　　這是木蘭從軍前憂愁思量的一幕。唧唧究竟為歎息聲、機杼聲，抑或蟲鳴聲，眾說紛紜，莫衷一是。若以前兩句為一意，則解作機杼聲較妥。若以前四句為一意，則解作嘆息聲㊸。

　　前面幾句的句法與梁鼓角橫吹曲的〈折楊柳歌〉㊹完全一樣，有濃厚的民歌情調，屬於民歌中直率的敘述手法。

　　⑵「東市買駿馬」至「北市買長鞭」四句

　　此處採用四個疊句的事材複沓迴環，這個活躍輕快的節奏，容易讓人聯想到熟悉的〈江南可採蓮〉：

　　　江南可採蓮，蓮葉何田田。魚戲蓮葉間，魚戲蓮葉東，魚戲蓮葉西，魚戲蓮葉南，魚戲蓮葉北。

儘管要表達的是同一個意思，但以反覆而不累贅、細膩而不支離的筆法，曲折盡致地表現事材。使讀者不但能從中望見作者真情，而作者所表達的意思，也更具有感染的力量㊺。作者不在木蘭身上花半點筆墨，卻藉買裝備的四句，襯托出木蘭將赴戰場的英姿，女中豪傑瀟脫的形象躍然紙上。

　　⑶「朝辭爺孃去」至「但聞燕山胡騎鳴啾啾」八句

這八句正面寫木蘭征途中對雙親的懷念之情,「不聞爺孃喚女聲」分別與「黃河流水鳴濺濺」、「燕山胡騎鳴啾啾」對寫,而荒漠的「黃河邊」、「黑山頭」與溫暖家園的強烈對比,自然而然地流露出來,在此可以領略到疊調的作用,於排句看出時間、空間的推移轉換,情緒累積的濃度,是層層遞進的。

(4)「萬里赴戎機」至「壯士十年歸」六句

此段所使用之事材自成一連貫性的整體,不需拆卸。作者把行軍、征戍、凱旋等行伍生涯,暢達地呈現,以簡約經濟的字句烘托出木蘭活躍沙場的意象。因為這首詩主要是寫木蘭能以女子之身代父出征,而非戰爭中的英勇廝殺,故當中雖有後代文人潤飾的痕跡,但剪裁繁簡得宜,置諸全文,不算突兀。

(5)「爺孃聞女來」至「磨刀霍霍向豬羊」六句

取材的面向是人物的年齡、特色,所記錄的動作則極有代表性。此外,出郭引領而望的雙親,喜來施紅妝的姐姐,殺豬宰羊準備款待的弟弟,都是以愉快活潑的筆觸,處理寫作素材。

(6)「開我東閣門」至「火伴皆驚惶」八句

這裡也用到疊句的形式,可與「市鞍馬」對參,所有的描述都在強調:木蘭是女郎,透過「理雲鬢」、「貼花黃」的細膩動作,一步步還原木蘭的女子形貌,與「當戶」呼應。

2.物材方面

(1)機杼

男耕女織是古代社會的傳統分工方式,機杼的出現在篇首就彰顯了木蘭的女兒身份,強化溫順女兒代父出征,剛柔並濟的形象。

(2)朔氣、金柝、寒光、鐵衣

　　朔氣是北方的寒氣，或說是寒風。金柝則是金屬製品，係打更用的梆子，也就是刁斗。《博物志》曾提及：「番兵謂刁斗曰金柝。」⑯軍士們白天用以燒飯，晚上用來巡夜報更。而淒寒的月色，照在守兵的鐵衣上，漫無邊際的寂寞就此生發，難以阻止。月亮令人思鄉，更聲提醒著生命、時間的流逝，短短二句，含括軍人的許多無奈。

　　⑶明駝

　　明駝是一種悍馬的名字，「明」是「白色」之意。駱駝能負重致遠，但是行走緩慢。駱駝也只適宜行於沙漠，按木蘭行軍路線乃在於黃河邊與黑山頭。木蘭的家當在黃河以南或以西，而非沙漠，與駱駝習性並不相應。又明人楊慎《升庵合集》卷三五云：「唐置驛，有明駝使。」可知明駝專作軍機傳遞之用，所用的牲口，並非駱駝，而是快馬⑰。木蘭一心期盼快馬奔回家鄉，寧可拋棄天子豐厚的賞賜，更可看出木蘭心志純然，不慕虛榮的美好品格。

　　⑷花黃

　　「花黃」係指花木和額黃。查慎行《穀山筆塵》：「元魏時禁民間婦人不得施粉黛，自非宮人，皆黃眉黑妝。故木蘭詞中有『對鏡貼花黃』之句」⑱。木蘭對鏡貼花黃，當窗理雲鬢的動作，標誌著女兒身的恢復。木蘭終究能夠卸下沈重的軍裝，以真面目示人。

　　⑸兔

　　兔子是北方草原常見的動物，這裡用以比喻木蘭的男扮女裝，詼諧新奇又具有地域色彩，充滿了北方爽朗質樸的風味⑲。

3.〈木蘭詩〉結構分析表

〈木蘭詩〉全文結構分析表如表 3.2.2 ⑤：

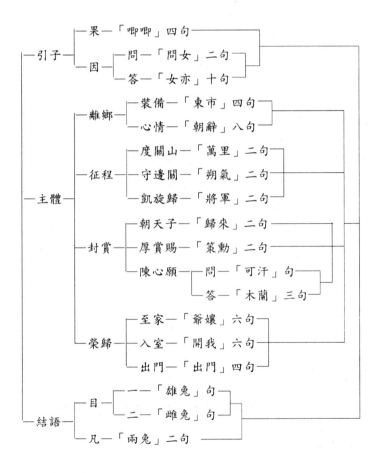

三、小結

　　寫作文章如能熟悉材料的性質，將「事材」、「物材」作最恰當的搭配，對於成就佳作，必有最正向的輔助。

第三節　　就材料的使用區分

　　一個作家經過構思立意，使文章的骨骼粗具以後，便須從平日所儲存的各種材料中去選取最適切的部分，加以靈活運用，以有效地將所建立的意思，具體地展示出來，成為一個完整而有系統的組織。從表面上看，這種運用材料的手段，雖然常隨著作者的匠心與所寫文章性質的不同，而有許多的變化，令人不免覺得它們是各自有別，是無法相通的。然而如仔細地由根本上去探看，則將不難發現人與人、文與文之間實有著一些「不謀而合」的地方。這種不謀而合的方法，就是指寫作文章時材料的使用區分，而正反法、賓主法、因果法正是最適合中學生使用的三種運材的方式。

　　以下就中學國文課本裡的選文說明正反法、賓主法、因果法之理論及其在中學國文課本裡的實踐。

一、正反法之理論及其在中學國文課本裡的實踐

㈠理論

　　寫作文章時，作者可用「正說」、「反說」或「正反疊用」的方法使用材料，以便於安排篇章架構，表明立意。哲學方面，最早提出正反理論的是老子的「正言若反」。《文心雕龍》很多

理論，是從哲學轉到文學，古今文學理論中，最早提及與「正」「反」相關或相近的敘述是劉勰的《文心雕龍‧麗辭》篇：「故麗辭之體，凡有四對：言對為易，事對為難；反對為優，正對為劣。」⑤清‧劉熙載《藝概》卷六〈經義概〉，多處提及「反」「正」之說如：「章法之相間，如反正、淺深、虛實、順逆皆是。」⑤「拍題有正拍、反拍、順拍、倒拍之不同。」⑤

又：

> 昔人論布局，有原、反、正、推四法。原以引題端，反以作題勢，正以還題位，推以闡題蘊。⑤

> 首先遵循昔人的布局四法，視「反」為作題勢之法，但仍須「正歸位」，返還題位。

又：

> 文局……有先反後正，有先正後反，亦有疊用正、疊用反者。其疊用者，必所發之題字不同。至正反俱有空實、空實俱有正反，固不待言。⑤

此段引文言簡意賅，可謂剖析甚明。大致論定文局有三：「先反後正」、「先正後反」、「疊用正、疊用反（即今正反交互使用或正反交疊）」。

又：

起筆無論反正虛實，皆須貫攝一切，然後以轉接收合回顧之。正起反接，反接後復將反意駁倒，則與正接同實，且視正接者題位較展，而題意倍透。故此法尤為作家所尚。㊳

以「正反虛實」起接拓展文勢，唯須貫攝一切，最後仍以轉接收合回顧。於今「正起反接」一句，則可用「先正後反」易之。又：

> 文於題全反為正，半反為翻。如題言如此則好，文言不如此則不好，是上下兩截俱攻題背，要其意中則仍是言如此則好耳，故曰全反為正。若題言如此則好，文言不如此也好，是反上截；或言如此也未必好，是反下截，所謂半反為翻也。㊲

> 凡就題之反面抉其弊者，是正文，非反文也。而人往往以反文目之，為其與反文相似耳。欲實知其為正為反，有驗之之法，但權將本題接入文下，而以「故」字冠其首，如接得者便知是正文矣。若非正文，何以不待用「然」字作轉乎？㊳

說明文題之間「全反為正，半反為翻」。自另一層面言之，係參酌「題目」以言「正反」。

清‧唐彪《讀書作文譜‧父師善誘法》則有「反正」的論述：

董思白曰：反正，乃文之大機關，不可不知也。且如《論
語》中，夫子之論管仲，若正言之，則曰「管氏不知
禮」，何等明盡，卻又曰「管氏而知禮，孰不知禮」；子
賤尊賢取友，若正言之，只宜曰「魯多君子，故有所
取」，以成其德，卻曰「魯無君子，斯焉取斯」。此皆反
語，惟反而文斯暢矣。柴虎臣曰：文家用意遣辭，必反正
相因，無正不切寔，無反不醒豁。其間或正在前，反在
後；或正在後，反在前；則在隨題布置，初非可執定者
也。大要反正互用，賓主錯綜，然後文機靈變出矣。⑤

舉董思白、柴虎臣的話，說明「反正」的重要。

　　孫德謙《古書讀法略例》言「正反」：

索隱於大事記注云：謂誅伐封建蠹叛，蓋有此等事，而載
之一格中，則慮眉目不清，故文用一正一反。如七月高后
崩，九月誅諸呂，後九月代王至，踐位皇帝，則正書。而
後九月食其免相，則反書，明是兩事。⑥

此段論及「慮眉目不清」，故「文用一正一反」，並舉事例說明。

　　在《實用文章義法》一書中，謝无量將「一反一正」納入
篇法論。並言：

蘇子瞻作史論，常先說一段正理。雖多出之武斷，然儼然
持之有故。其篇法又有一反一正，使得失較然。即議論好

事，須要一段反說；議論不好事，須要一段正說，則文勢
亦圓活，義理亦精微，意味亦悠長。⑥

又：

> 文章要善於蓄勢，有正說一段議論，復換數字反說一段，
> 與其相對。讀者但見其精神，不見其重複，此文勢之巧
> 處。⑥

為造文勢之巧，使篇章正反交迭，讀者於不知不覺領受文章之精
神佳處，不見複重。

龔鵬程《文學與美學》則將「正反」用來作為小說形式與結
構上最主要的表現方式：

> 從西方文化來說，由於整個西方文化中傳統的善惡對立兩
> 極化傾向十分濃厚。所以小說形式與結構上最主要的表現
> 方式，經常是以平面化的兩極對峙為主。例如描寫善惡衝
> 突、戰爭、警匪……等。淋灕酣暢，至為精采，肯定正反
> 雙方公開而嚴重的對搏。另有些小說並不直接處理對立衝
> 突，不同時正面肯定雙方，而只凸顯一極，以這一極朝向
> 另一極活動，描述一個人的行動、掙扎、衝突、追尋的歷
> 程。……除這兩種之外，也有表現理想這一極的，致力描
> 繪天堂、烏托邦或愛情等。⑥

如龔鵬程所言：「另有些小說並不直接處理對立衝突，不同時正

面肯定雙方，而只凸顯一極，以這一極朝向另一極活動，描述一個人的行動、掙扎、衝突。」此凸顯一極的小說表現法，可視作「正反」筆法。

陳滿銘以為「正反法」與「賓主法」包含於「映襯」之中。關於「映襯法」，各家則有如下的說明：

陳必祥《古代散文文體概論》提出「烘托映襯法」：

> 烘托映襯是敘事文常用的筆法。烘托即所謂「烘雲托月」。金聖嘆評點《西廂記》中說：「夫亦嘗觀於烘雲托月之法乎？欲畫月也，月不可畫，因而畫雲。畫雲者，意不在於雲也。意不在於雲者，意固在於月也。」……作畫如此，寫文章也是一樣。㉖

又：

> 烘托映襯的方法很多，歸納起來，主要有反襯、正襯兩大類。用對立相反的事物來襯托叫反襯，用性質相同的事物來烘托叫正襯。㉕

沈謙《文心雕龍與現代修辭學》：

> 在語文中，將兩種不同的，特別是相反的觀念或事實，對立比較，從而使語氣增強，意義顯明的修辭方法，是為「秀」之第一種方式「映襯」。㉖

又：

> 昔人論布局，有原、反、正、推四法。原以引題端，反以
> 作題勢，正以還題位，推以闡題蘊。」⑥

首先遵循昔人的布局四法，視「反」為作題勢之法，但仍須「正
歸位」，返還題位。

黃慶萱《修辭學》：

> 在語文中，把兩種不同的，特別是相反的觀念或事實，對
> 列起來，兩相比較，從而使語氣增強，意義顯明的修辭方
> 法，叫作「映襯」。⑱

黃永武《字句鍛鍊法》：

> 用兩個比較性的詞彙或句子，相互對比襯托，使襯出的兩
> 種情形，成為強有力的對照，這種辭格，叫作「襯映」。
> ⑲

又：

> 就句意上說，襯映可分為反襯與正襯二類，反襯是取相反
> 的事件來陪出正意；正襯是取相似的事件來陪出正意，但
> 都是以比較性的詞彙或文句來襯托的。⑳

總括上引各家關於「映襯」的說法：借由「對比」的形式，將所欲描寫的主題激化，甚而強烈地烘托出主體，是「映襯」的最深目的。

(二)實踐

　　今依陳滿銘的說法，將「正反法」的運用區分為三大類，並舉例說明如下：

1.全「正」

　　任興聲《作文能力訓練》，提出「正反法」的運用原則：「勿牽強地找出反面。」因此或者可如龔鵬程所言：「致力描繪天堂、烏托邦……。」天堂、烏托邦屬於極正面的理想描寫。

　　以下以〈國歌〉歌詞及〈南鄉子〉為例，作傾向於「正」說的論述、描寫或刻畫說明。

　　甲例、〈國歌〉歌詞

　　此乃一篇四言韻文，用作國歌，表現出宏偉莊嚴的開國氣象，及中正和平的立國精神，正面地激發愛國的情操與志節。⑦

　　國歌歌詞以「三民主義」四字為線眼，貫串全文。藉「三民主義」標立前提，作為全民依循的準則。又以「三民主義」理想勗勉國民，期能為我中華開創一片萬代太平的基業。鍾嶸《詩品》：「每讀其文，想其仁德。」對於這課的作者，我們的　國父，確是令人崇尚萬分的。　其全文結構分析表如表3.3.1 ⑦：

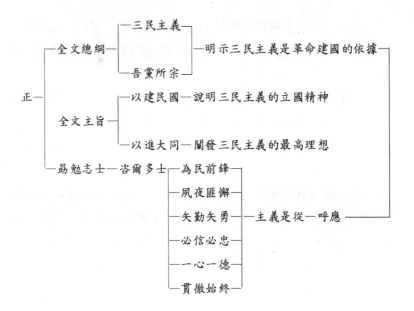

乙例、〈南鄉子〉

〈南鄉子〉這首詞先敘事後寫景，採正面寫法運材，描繪出粵女遊湖時天真活潑的畫面。由材料的呈現樣態，處處可見南國充滿詩情畫意的美麗。其結構分析表如表3.3.2 ㊂：

2.全「反」

「反說」係可借由相反的觀點敷陳出文章的深義。任興聲以為「命題有相反面，可供人對照，以襯托真理者。」「反面之氣勢不可勝過正面，而喧賓奪主，或產生以反為是，以正為非的錯覺。」[74]鄭明娳則以為「反寫有雖反而實正、雖正而實反兩種。反寫是用相反的詞語表達本意，使得反語和本意之間形成交叉對立，依靠具體語言環境的正反兩種語義的聯繫，把相反的雙重意義以輔助性手法如語言符號和語調等襯托出來，使閱讀者由字面的含義悟及反面的本意，在悟解的同時發出會心的微笑。」[75]

孫德謙《古書讀法略例》有「反徵例」：「吾謂讀古人書，亦在得所徵引。然徵引之道，有用之於正者，亦有用之於反者。用之於反奈何？如論一人焉，或論一事焉。而前人所言，意實相反，吾不妨援以為徵是已。」[76]

以上諸說多與「反說」相關，可增進我們對「反說」理論的認識。大抵言之，「反說」經常追隨於「正說」之後，具深化增強文章主題的作用。國中國文著眼於「反說」的課文，數量不多。今以《差不多先生傳》作說明：

胡適操持反諷詼諧的筆觸，勾勒出差不多先生的樣貌，為中國人的形象，提供千古以來的一個表徵。題目本身「差不多先生傳」便是「反說」。其結構分析表如表3.3.3：

```
     ┌凡─「差不多先生的相貌，和你我都差不多。他有一雙
     │    眼，但看得不清楚……他的記性不很精明，他的思想
     │    也不細密。」
     │
  反─┤
     │      ┌（聽得不分明）紅糖、白糖
     │      │（記性不精明）山西、陝西
     │   目─┤（算寫不精細）十字、千字
     │      │（不守時）遲到兩分鐘
     │      │（苟且）汪大夫、王大夫
     │      └（思想不縝密）活人、死人
     │
     └凡─最後兩段
```

3.正反疊用

關於這個部分，曾忠華《作文津梁》有「正反相生法」：

「正反相生」，是正面與反面，錯綜交替地敘述。和「先反後正」法略異。「先反後正」，是先從反面寫起，而後轉入正面，只是單純的一反一正之布局，無交錯迭出之勢；「正反相生」是「正」、「反」兩面，反覆交替地出現。茲列其公式如下：

甲式（假設為五段）：　　　乙式（假設為五段）：

第一段─正面　　　　　　　第一段 ─ 反面

第二段─反面　　　　　　　第二段 ─ 正面

第三段─正面　　　　　　　第三段 ─ 反面

第四段─反面　　　　　　　第四段 ─ 正面

第五段─正面　　　　　　第五段 ─ 反面

丙式：「反」、「正」各連續兩段後，再更換之。

丁式：一段之中也可以「正」、「反」交錯使用。⑦

曾先生的說法甚是。唯文勢正反起落之規則變化不一，如果能夠加上其他，或者可使公式更為完整。如下：

【A】		【B】
正	或	反
反		正
反		正
反		正
正		反

以下則採「先正後反」、「先反後正」、「正反交迭」的分法，配合課文結構分析表說明「正反法」在國中國文課文裡的運用。

⑴先正後反

甲例、〈孝經選：紀孝行章〉

本章文字原屬《孝經》之第十章，旨在論「孝子事親之行」（刑昺〈疏〉），是採「由內而外」的順序寫成的。⑱屬於「正反法」部份，自「事親者」起至章末。從正面論「居上」、「為下」、「在醜」時應有的表現；然後以「居上而驕則亡」六句，用「先目後凡」的形式，從反面論「居上」、「為下」、「在醜」時不該有的行為，並且指出這樣就是「不孝」。⑲其全文之文章

結構分析表如表3.3.5：⑧

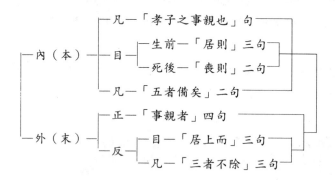

乙例、〈生於憂患死於安樂〉

　　此文旨在說明「生於憂患而死於安樂」的道理。先以「六人六事」的實例故事作開端，採先敘後論，「敘」的部分是「孟子曰」七句，「論」的部分則是「天意」與「人情」。闡明人在憂患中常能奮發圖強，因而求得生存，獲得發展；如果處在順境，卻沉溺於安樂，反而會招致毀滅。在文章架構上，則可作為「先正後反」的最好例證。其文章結構分析表如表3.3.6⑧：

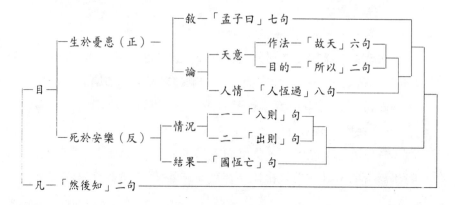

丙例.〈科學的頭腦〉⑬

本文係以「凡、目、凡」的結構所寫成。使用「正反法」的部分見文章結構分析表3.3.7：⑭

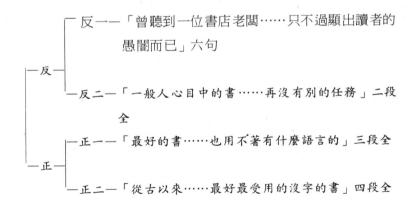

(2)先反後正

「先反後正」的文例，且以〈沒字的書〉做說明。本文共分四段，前兩段屬於「反說」，後兩段則是「正說」。全文採「先反後正」的寫法，自文章結構分析表3.3.8可一覽無遺：

(3)正反交疊

鄭明娳《現代散文》：「文章正反相生則開闊抑揚，波瀾迭起，變化生姿。」⑮這是正反交互使用的優點。

　　國中國文的範文裡，採用「正反交迭」的例子不少，唯多交錯為之。今以〈為學一首示子姪〉、〈從今天起〉、〈夏夜〉、〈儉訓〉、〈陋室銘〉等課做說明。

　　甲例、〈為學一首示子姪〉

　　此文是作者寫來勉勵他的子姪「力學不倦」的。全文分泛論、事證與結論三大部分，一路採正反對照的形式寫成。⑧正反對照之例，如「為之」、「不為」，「學之」、「不學」，「其一貧」、「一富」，「自立者也」、「自敗者也」……等。其全文之文章結構分析表如表3.3.9⑤：

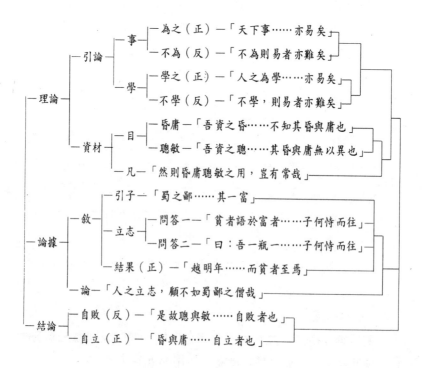

乙例、〈從今天起〉

此文旨在勉人下定決心，革除惡習，全力做該做的事，㊽在「凡、目、凡」的結構下，加入「正反法」寫成。全文結構分析表如表3.3.10：

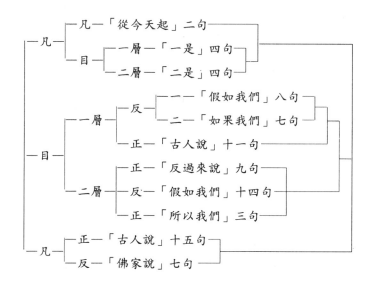

丙例、〈夏夜〉㊼

全詩描寫夏夜豐富、美麗而又可愛的景物，詩裡採用「先正後反」的結構分析表如下：

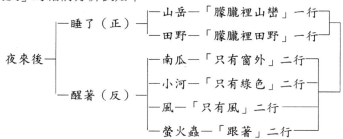

丁例、〈儉訓〉⑩

本文旨在勉人養成節儉的美德，以免由於奢侈浪費而寡廉鮮恥，無所不至。它以「先凡後目」的結構寫成：作者就這樣用正反兩軌貫穿「凡」和「目」，將「儉美德也」的道理闡發得清清楚楚，有著無比的說服力。其全文結構分析表如表3.3.12：⑧

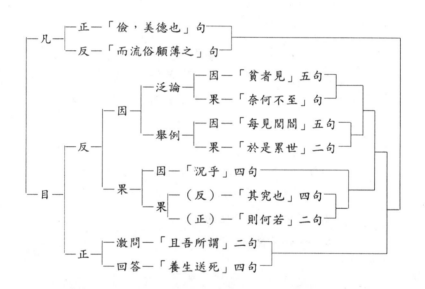

(三)小結

研究正反法的最終目的，仍須回歸文章主題，所謂萬「變」不離其「宗」。「變」，係指文章章法而言；「宗」，則是篇章主旨。作為一種運材之法，不論是「正說」、「反說」亦或「正反交送」，都是用來闡釋篇旨的。而這也正是「賓主法」、「因果法」，以及文章運材所應共同關注之處。

二、賓主法之理論及其在中學國文課本裡的實踐

(一)理論

賓主法又名眾賓拱主法、眾星拱辰法。⑧

賓主法是一種牽涉極廣的藝術章法。在賓主法的運用之中，「賓」可以是多數，但「主」卻只能唯一，一賓顯一主，或眾賓以顯主，使主題更明確突出。文章所欲表現之主題，實為一篇文章的重心，即為賓主法之「主」。

《文學鑑賞論》一書中引用王夫之在《夕堂永日緒論內編》中說明賓主在詩文中的重要地位：

> 詩文俱有主賓。無主之賓，謂之烏合。俗論以比為賓，以賦為主；以反為賓，以正為主，皆塾師賺童子死法耳。立一主以待賓，賓無非主之賓者，乃俱有情而相浹洽……「影靜千官里，心蘇七校前」，得主矣，尚有痕跡；「花迎劍佩星初落」，則賓主屬然，熔合一片。⑧

此說明賓主相互為用，賓以顯主，而主無賓則平淡無奇，而不足顯現其特質，此段話也關涉「四賓主」之概念。關於「四賓主」，清閻若璩在《潛丘札記》卷二中曾論及「四賓主」之分類：

> 四賓主者：一、主中主，如一家人唯有一主翁也。二、主中賓，如主翁之妻妾、兒孫、奴婢，即主翁之分身以主內事者也。三、賓中主，如主翁之親戚朋友，任主翁之外事

者也。四、賓中賓，如朋友之朋友，與主翁無涉者也。於四者中，除卻賓中賓，而主中主亦只一見；惟以賓中主鉤動主中賓而成文章，八大家無不然也。⑨

所謂「主中主亦只一見」，就是指一篇文章的重心與主題，即主題思想只能有一個，而主題思想要依靠其他各個分主題和題材反映出其內容來，亦即主是要依賴賓反映出內容。「主中賓」係指與「主」關係最為密切的賓；「賓中主」是與「主」關係稍為疏遠的「賓」；「賓中賓」則是與「主」關係最為疏遠的「賓」。唐彪、脂硯齋、李扶九等人對於「四賓主」，均有詮釋或運用。夏薇薇以為「四賓主」之優缺在於：

其優點是當我們在欣賞「一主多賓」結構之文章時，可以較為清楚地了解「賓」位與「主」位間襯托的親疏關係，進而掌握文章的主題思想；而且在理論中亦明確地道出了「賓主」章法中，「主」的數目原則上只有一個，而「賓」的數目則可一可眾的基本特性。至於「四賓主」理論之缺點則為它充其量只能推到第三層「賓」而已，能夠包含的範圍不夠大。⑨

宋代李塗在《文章精義》一書中說到：

文字請客對主極難，獨子瞻〈放鶴亭記〉以酒對鶴，大意謂清閒者莫如鶴，然衛懿公好鶴則亡其國；亂德者莫如酒，然劉伶、阮籍之徒以酒全其真而名後世，南面之樂豈

足以易隱居之樂哉？鶴是主，酒是客。⑨

　　李塗在上述文字中明白地區分出主、賓，只是他將「賓」
「主」稱為「客」「主」。
　　清唐彪於《讀書作文譜》中，列「賓主法」：

　　　文不以賓形主，多不能醒，且不能暢。如《孟子》「今王
　　　鼓樂於此」，必借田獵相形；言「放良心，伐夜氣」，而必
　　　以牛山之木設喻，非此法歟？以制藝言之，凡借一理、一
　　　事、一說，形出本題正意者，無非賓主也。⑨

唐彪認為賓主法在形式上是借用一理、一事、一說，來彰明主
旨，使主旨更凸出，這說明了賓主法的功能及表現手法。
　　陳師滿銘在《國文教學論叢‧續編》表達了賓主法的原理、
定義：

　　　作者想要具體的表出詞章的義旨，除了要直接運用主要材
　　　料之外，往往也需要間接的藉著輔助材料來使義旨凸顯，
　　　以增強它的感染或說服力量。直接運用主要材料的，即所
　　　謂的「主」，而間接運用輔助材料的，則是「賓」。一篇文
　　　章裡如有主有賓則很容易將它的義旨充分的表達出來。⑨

　　曾忠華於《作文津梁‧論說文》中說明「以賓顯主」法是論
說文中很有力的起頭方法：

「道理」是抽象的，作論說文時如果直接闡述自己的主張
或文中的義理，讀者印象不深刻，感受淺淡，不易收到文
章的效果。於是借性質或形象和要說的道理相似的事物，
作為襯托，把要說的道理明顯地呈現出來。藉來襯托的事
物是「賓」，所要說的事理是「主」，以「賓」的事物，使
「主」的事理豁然顯示出來，叫作「以賓顯主」；如孟子
盡心篇「觀於海者難為水，游於聖人之門者難為言。」前
者就是「賓」；後者就是「主」。這是論說文中很有力的
起頭方法。⑮

以下我們接著談賓主法之作用。

「賓」的作用是在襯托「主」，但襯托的方式不只一種，大致
可分為正反兩種，魏怡在《散文鑑賞入門》中就提到：

散文裡的「烘雲托月」法既是襯托，那麼就有正襯及反襯
兩種。正襯即是以美襯美、水漲船高之法。反襯是通過其
它的事物作反面陪襯，或以壞襯好，或以劣襯優，或以悲
襯喜等。⑯

寫「次」的目的在於襯「主」，為了將「主」襯托的維妙維肖，
神形兼備，先應將「次」描寫得繪聲繪影，血肉豐滿，它們是一
種水漲船高的關係。因而既不可強枝弱幹，抑「次」托「主」，
也不能鋪雲蔽月，以「次」代「主」。這樣才能做到主次分明，
相得益彰。世界上的各種事物是相比較而存在的，我們在反映這
些事物時，不應孤立的去表現，而要利用事物之間的各種映照關

係來加強表達效果，此即分賓分主的功用。主，指主要人物，主
要事件，主要意識；賓，指次要人物、事件和意思。俗話說：
「紅花雖好，還要綠葉陪襯。」紅花是主，綠葉是賓；作畫之
「藉景生情」，「烘雲托月」，「景」、「雲」是「賓」，「情」、
「月」才是「主」。結婚典禮上的新郎新娘是主，男儐相女儐相就
是「賓」，作用在陪襯烘托出新郎的英俊，新娘的美麗，這些都
是「藉賓形主」的作用。⑰

　　如寫與敵人鬥爭自然當以我為主，以敵為賓。然而為了表現
我方的英勇智慧，卻又把敵人寫得庸懦愚蠢、不堪一擊的樣子。
這真是有點像割雞而用牛刀，雞雖然被割死了，但卻絲毫顯示不
出刀之大與鋒利。《水滸傳》中寫武松打虎，情況就不是這樣：
虎是極凶猛的，而且其襲擊是接二連三的；武松雖孔武有力，但
面對猛撲過來的虎，最初也是驚恐、慌張、緊張到極點，最後雖
然終於把虎打死，可也把自己弄得精疲力盡了。但是這不僅無損
於武松形象，反而更深化了英雄性格。可是在另一部小說《說唐
全傳》裡，為了表現天下第四條好漢雄闊海的武藝，寫他「雙拳
打兩虎」，輕而易舉地把兩隻猛虎一下就打死了。從表面來看，
似乎雄闊海比武松更英雄，武藝也更高強，但在寫作上卻毫無意
義的。所以一般傳頌和稱道的是武松在景陽崗打虎的故事，至於
雄闊海的故事，就沒多少人去注意了。這就是由於一種賓主間能
相稱相應的敘寫，而另一種卻只顧主而不顧賓、或無視於賓的積
極作用⑱。

㈡實踐

1.全賓

所謂全賓係指寫作文章僅呈現「賓位」的寫作素材，而「主」

意卻蘊含於篇外，筆者以國中範文教學〈良馬對〉為例，作實踐說明。

　　〈良馬對〉藉著岳飛和宋高宗關於良馬的一段對話，來說明良馬與駑馬的差別。全文可分為「主體」與「餘波」兩部分。「主體」部分由「問答法」寫成，實則有隱含的文意：「良馬」暗喻「賢才」，「駑馬」暗喻「庸才」。作者分別以「良馬」、「駑馬」為賓，凸顯良馬之可貴，正襯出主位：世間賢才難尋，希冀宋高宗識拔賢才、重用賢才、信任賢才、珍惜賢才。全文結構表如表3.3.12⑩：

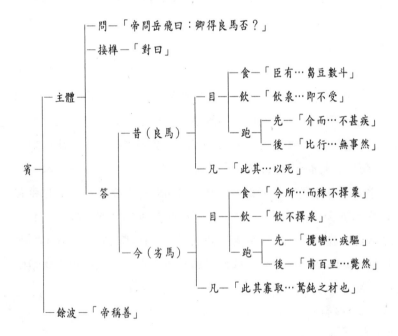

2.全主

　　「全主」是指文章之立意運材與謀篇布局，皆能緊扣主題思想⑩。筆者以國中範文教學〈記承天夜遊〉為例，作實踐說明。

　　〈記承天夜遊〉全文扣緊「承天寺夜遊」的主題，記敘邀友夜遊賞月的情景，呈現全主之結構。其全文結構分析表如表3.3.13⑩：

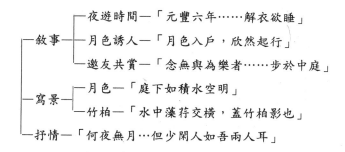

```
          ┌── 夜遊時間 ──「元豐六年……解衣欲睡」
    ┌ 敘事 ─┼── 月色誘人 ──「月色入戶，欣然起行」
    │     └── 邀友共賞 ──「念無與為樂者……步於中庭」
    │     ┌── 月色 ──「庭下如積水空明」
    ┼ 寫景 ─┤
    │     └── 竹柏 ──「水中藻荇交橫，蓋竹柏影也」
    └ 抒情 ──「何夜無月…但少閒人如吾兩人耳」
```

3.先主後賓

　　所謂「先主後賓」，係指文章以前部為「主」位，起首開門見山地揭示作者行文之中心思想，再以後部為「賓」位，深化文章主旨。對賓主法而言，其目的是要藉由「賓」而起突出烘托「主」的作用，最後終要回歸「主體」。因此，「先主後賓」的文章結構較少。以下就現行高中國文〈左忠毅公佚事〉為例，說明「先主後賓」在教學上的應用。〈左忠毅公佚事〉全文以「忠毅」二字為線眼，表彰左光斗識才、愛才的高尚節操和剛烈的愛國志節。作者之運材方式係採先主後賓，其情況如結構分析表3.3.14⑩：

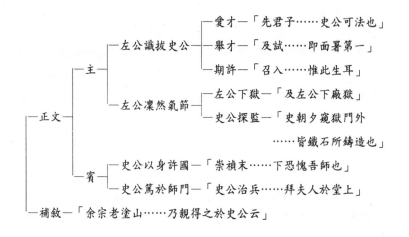

4.先賓後主

所謂「先賓後主」，是指文章以前部為「賓」位，以後部為「主」位，藉「賓」烘襯出「主」，以達到畫龍點睛，凸顯題旨的效果。在「賓主法」中，「先賓後主」的結構類型最多。例如高中國文範文〈勸學〉。〈勸學〉藉各種事物為譬證，勸人進德修業，結構呈現「先賓後主」的情況，如表3.3.15⑩：

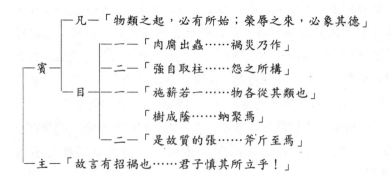

5.賓主迭用

所謂「賓主迭用」是指文章中「賓」位與「主」位形成錯綜間雜型態之作品。例如國中課文〈愛蓮說〉。

作者藉著「蓮」的特質來比喻君子的美德。又以「菊花」來比喻隱逸的高士，以「牡丹」比喻追求富貴的一般人。用「菊花」和「牡丹」來做陪襯，故「菊花、牡丹」是「賓」，「蓮」是「主」。全文結構分析表如表3.3.16⑩：

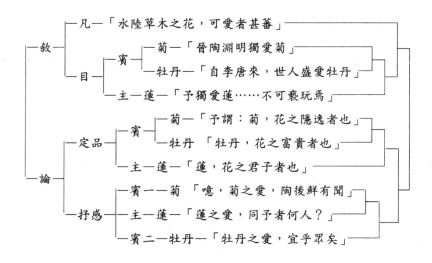

〔三〕小結

就中學生文章寫作而言，「賓主法」是協助創作者駕馭材料的一種好方法。如果在學習範文之際，能夠體悟文章的內涵底蘊及章法，對於作文必有一定程度的助益。

三、因果法之理論及其在中學國文課本裡的實踐

「因果」的使用，在一般口語、文章中使用頻繁，在此只針對中學國文課文的篇章來討論「因果」法的理論，再以中學國文課文為例證以為實踐。

(一)理論

「因為……，所以……」的句式是一種古老的法則。在句子以及篇章裡經常見到這樣的造句型式，而這也就是因果法的基本句式。

在使用上，「因果法」除了一般常見的「由因及果」[16]的寫法外，還有「由果推因」[16]的方式。蔡宗陽的《陳騤文則新論》中說道：

> 《左氏傳》欲載晉靈公厚斂彫牆，必先言晉靈公不君；
> 《公羊傳》欲載楚靈王作乾谿臺，必先言靈王為無道；
> 《中庸》欲言舜好問，亦先曰舜其大知也歟；《孟子》欲
> 言梁惠王所愛所不愛，亦先曰不仁哉梁惠王也。此紀事文
> 之先事，而斷以起事者。[17]

「先事而斷以起事者」就是先將事實的「因」先寫出來，再敘述整個事實。「起事者」即是「因果」中的「因」，所以「先事而斷以起事者」是「由因及果」的寫法。另外，他又提到：

> 《左氏傳》載晉文公教民而用，卒言之曰：一戰而霸，文
> 之教也；又載晉悼公賜魏絳和戎樂，卒言之曰：魏絳如是

有金石之樂禮也。此紀事文之後事而斷以盡事者。⑱

「盡事者」是事情發展後的結果，所以這「此紀事文之後事而斷以盡事者」是「由果推因」的寫法。由此看來，陳騤的《文則》已提出「因果」法的二種方式：「由因及果」和「由果推因」。

明代歸有光的《文章指南》中提到：

> 文字自下說上，如登九層之臺，漸至其頂，是謂一級高一級也，如錢公輔義田記，似之。篇內但據事意論，而於節末復究其由，謂之推原文法，如賈誼過秦論，究秦之所以止班孟堅異姓諸侯王表，究漢之所以興，是也。

以上文字所言便是屬於「由果推因」的方式，「推原以究其因」。

曹冕的《修辭學》中，也曾在講述「記戰事」的方法時，提出「因果法」，他說：

> 戰之勝敗，必有其致此之因，與由此而生之果，此敘戰者所宜知也。凡與勝敗無因果之關係者，雖大事可從略，而與勝敗有因果之關係者，雖小事必詳。⑲

其次，他在討論「論辯文」的作法時，曾提到「歸納推理」，因此講到「因果推理」，他在文中提及：

> 因果推理乃歸納推理之一種。宇宙所有現象或事實，並非

偶然而生，必有其所以然之理；理一則現象事實亦一，原
因同則結果亦同，論理學家謂之因果律。吾人據因果律，
以求事物所以然之理，其推論自健全可靠。但所謂因果之
關係，必應為常然又必然者，合於萬有齊一之律，方能生
出斷定。⑪

　　這段文字中，我們可以發現因果律的存在，並且發現「因果
推理乃歸納推理之一種」，也就是說，「因─果」和凡目法中的
「先目後凡」彼此相似，即：「因果」法中的「因」，如果可以分
出若干項時，也同時屬於「先目後凡」的格式，同理，「果─因」
的「因」也可以分成若干項目時，也同時屬於「先目後凡」的格
式。

　　周明在《中國古代散文藝術》中提及的「證明式論證」，也
就是「由果求因」、「由果推因」。其理論如下：

　　證明式論證的基本特點是論點先出，此論點是作者對問題
提出的看法或主張，其真理性尚未得到證明，有待於作者
用論據加以證明。從因果關係上看，是由果求因。⑪

　　另外，還有「歸結式論證」，其理論如下：

　　先述論據（因），後出論（果）。⑫

　　其形式有兩種：一是「簡單羅列式：論據的各項材料性質相
同，在陳述了若干論據之後，即概括歸結出結論，即論點。」⑬

屬於「果－因」,「先因後果」的方式。另一是「向前推進式:
論據的各項材料並非平列,而是有前後承接、推進的關係,或是
通過駁詰,步步向前推進,在說理深入的基礎上得出結論。」[14]
此是「因－果」,「由因推果」的方式,在一般的文章中,相當
容易見到,例如:〈齊人〉、〈田單復國〉、〈習慣說〉。

曾忠華在《作文津梁〈上〉》中也提到:

> 依時間或因果的順序,敘述事件發生的經過情形,叫「順
> 敘法」;若將是事情最重要的部分,放在文章的前頭,把
> 時間或因果的次序,顛倒過來的敘述的,叫「倒敘法」。

在此也可將「依時間或因的順序,敘述事件發生的經過情形,
『順敘法』」看成是「由因及果」的寫作方法,將「若將是事情最
重要的部分,放在文章的前頭,把時間或因果的次序,顛倒過來
敘述的,叫『倒敘法』」看成是「由果推因」的寫法。

(二)實踐

現在就以中學國文課文中屬於因果法的例子,來說明「因果
法」中「由因及果」和「由果推因」的實踐情形,以求更為了解
「因果法」在文章中的妙處:

1.由因及果
甲例、〈兒時記趣〉

人生無法讓自己永遠停留在兒童時代,可是人們或者可設法
讓童心永遠不泯。沈三白的「兒時記趣」,全文以「回憶之筆,
由因而果,拈出『物外之趣』」[15]自始至終著眼於「正」面的趣
味,喜悅了讀者的心。全文結構分析表如表3.3.17[16]:

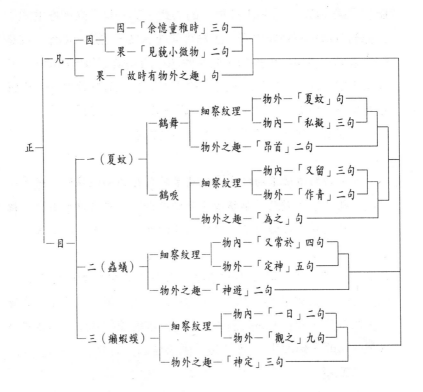

乙例、〈愚公移山〉

　　在這篇寓言故事裡，列子運用簡勁的文筆，活潑豐富的想像，透過愚公率領子孫移山的故事，啟示「自助而後人助、天助」、「有志竟成」的哲理。

　　首段記愚公有感於太形、王屋二山阻礙交通，便決定要剷平它們，且得到家人認同的情形。次段記愚公選定放置土石之地，及率子孫從事移山的過程，並在第三段記智叟笑愚公，而愚公仍不為所動，認為只要努力必成。末段記愚公的精神感動天地，得

神助而完成移山的願望。

　　由此來看文章結構，共有多層因果，首段運用「緣由」的寫法開頭，敘說愚公移山的原因。這個部分先寫太形、王屋兩座大山阻礙交通，是「因」，後寫愚公與家人商量決定剷平它是「果」。第二、三段以對話的寫法為主，記愚公移山的經過。第二段先寫愚公之妻懷疑、反對，後寫愚公率子孫進行移山，並獲鄰人京城氏的遺男協助。第三段先寫河曲智叟譏笑愚公太不聰明，後寫愚公堅定不移，認為只要持續不斷努力，終必成功。第四段運用神話的寫法結尾，寫愚公的真誠感動上天，天帝命夸蛾二子移走太形、王屋二山，是「果」。

　　本文由「原因」起筆，「原因」之中又有因果，然後敘述「經過」的情景，最後用「結果」結束，總而言之，本文是以「因－果」的布局寫成。

　　周溶全、徐應佩在《古文鑑賞辭典》中說：

> 在一個僅有三百餘字的簡單的故事裡，將較多的矛盾集中起來描寫，能夠收到戲劇性的藝術效果，否則順流平波地寫下去，還不只是索然寡味，更重要的是所要強調的內容得不到強調，不能使主題通過人物形象的塑造而圓滿地表達出來。⑩

　　此三百餘字的精彩寓言故事，以「正反」的筆法與人物烘托文章主題。其全文的結構分析表如表3.3.18⑪：

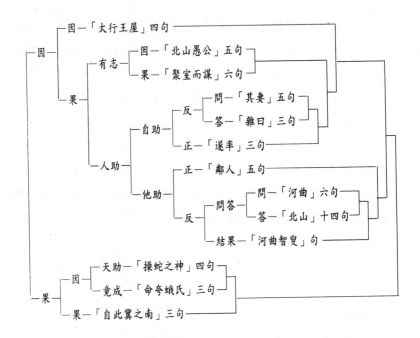

2.由果推因

「由果推因」的情形，筆者以〈木蘭詩〉、馬援〈戒兄子嚴敦書〉為例作實踐說明。由於「因果」可使用在句子中，故〈木蘭詩〉結構表的部分，僅列出運用「因果」的地方，其全文結構表在本章第二節已列出，於此不再重複。

甲例、〈木蘭詩〉

〈木蘭詩〉在「引子」之處，採「由果推因」。

首段以設問、插敘的方式敘明木蘭代父從軍的原因，替後面的出征凱旋做好鋪路的工作。以「唧唧……」四句的嘆息聲為「果」，以引人入勝，再以問答方式表現嘆息之「因」。先以木蘭的嘆息聲，襯托代父從軍前的心情，再以設問來敘述木蘭代父從

軍的理由，深刻表現木蘭的孝心。其運用「由果推因」的部分如
表3.3.19：

```
        ┌─果─「唧唧」四句
引子─┤      ┌─問─「問女」二句
        └─因─┤
              └─答─「女亦」十句
```

　　乙例、〈飲酒〉

　　陶淵明〈飲酒〉之五，借「飲酒」為題，表現出田園生活安
貧樂道、悠然自得、物我兩忘、渾然天成的詩意，全詩採「虛、
實、虛」結構寫成。而在「虛」的部分，採「由果推因」的方
式，其結構分析表如表3.3.20[19]：

```
                        ┌─果─「結廬在人境，而無車馬喧」
─虛（情）（心遠）─┤      ┌─問─「問君何能爾？」
                        └─因─┤
                              └─答─「心遠地自偏」
─實（景）─┬─白晝─「採菊東籬下，悠然見南山」
          └─傍晚─「山氣日夕佳，飛鳥相與還」
─虛（情）（真意）─「此中有真意，欲辯已忘言」
```

　　(三)小結

　　由上述可知，「因果法」在文章中的表現極為多樣，可以
「由因及果」，也可以「由果推因」，甚至是多層次的因果相間使
用。中學生如能熟悉應用「因果法」在句子或文章中，其作品的
結構性必定嚴謹，也必能靈活寫作材料的運用方式。

　　而且，「因果」的使用非常頻繁，常常在一篇文章，或是簡短的文句中就可發現。同樣的，文章中不是只存有單一的文章寫作方式，可能使用多項章法成篇，使得文章章法變化更為豐富，章法分析更形有趣。如此一來，我們唯有更加仔細的分析文章結構、技巧的使用，才能更深入體會文章之美。

註　釋

①陳滿銘：《國文教學論叢・續編》（台北：萬卷樓圖書有限公司，1998年3月初版），頁89-145。

②同①，頁422。

③同②。

④仇小屏：《中國辭章章法析論》（台北：國立台灣師範大學國文研究所碩士論文，1997年5月），頁27。

⑤李曰剛：《作文技巧與範例》（台北：益智書局，1976年2月再版），頁12。

⑥陳佳君：《虛實章法析論》（台北：國立台灣師範大學國文研究所碩士論文，2001年5月）。

⑦同①，頁330-331。

⑧同⑦。

⑨同⑦。

⑩參見吳家宜：〈桃花源記之寓意及篇章結構分析〉（台北：國立台灣師範大學國文研究所國文教學專題研究報告，2000年8月），頁10-15。

⑪同④，頁248。

⑫仇小屏：《篇章結構類型論》（台北：萬卷樓圖書有限公司，2000年2月），頁334。

⑬同①，頁84。

⑭夏薇薇：《文章賓主法析論》（台北：台灣師範大學國文研究所碩士論文，1990年5月），頁72。

⑮同⑭，頁76。

⑯同⑭，頁91。

⑰指「思想情意」。同①，頁63。

⑱包括「事」與「物」。同①，頁63。

⑲同①，頁47。

⑳參見林璟薇：〈陋室銘篇章結構探析〉（台北：國立台灣師範大學國文教學專題報告，1990年8月），頁4-8。

㉑陳滿銘：《文章結構分析》（台北：萬卷樓圖書有限公司，1999年5月初版），頁65。

㉒同㉑，頁65。

㉓陳春城：《歷代名作家傳》（高雄：河畔出版社，1990年5月），頁50。

㉔同㉓，頁51。

㉕同㉓，頁52。

㉖蕭滌非等：《唐詩鑑賞》（台北：五南圖書出版公司，1980年9月初版），頁47－48。

㉗劉子清：《中國歷代人物評傳》（台北：黎明文化事業股份有限公司，1979年9月三版），頁37－38。

㉘白冰：《十大語文學家》（台北：世界文物出版社，1992年11月初版），頁29－32。

㉙劉大杰：《中國文學史》（台北：華正書局，1987年7月版），頁148。

㉚楊家駱編：《宋本論語注疏》（台北：鼎文書局，1992年5月初版），頁

221 。

㉛小民：《生肖與童年》（台北：三民書局，1996 年 5 月初版），頁 54 。

㉜楊作峻：《春秋左傳注》（台北：洪葉文化事業有限公司，1993 年 5 月初版一刷），頁 1106 。

㉝王從仁：《龍——吉祥納福看瑞獸》（台北：世界書局，1995 年 12 月初版），頁 77-97 。

㉞卓芬玲：《古琴絃音》（台北：希代出版有限公司，1984 年 6 月初版），序文。

㉟同㉞，頁 38 。

㊱同㉖，頁 489 。

㊲同㉖，頁 70 。

㊳林谷芳：《八音的世界》（台北：雄獅圖書股份有限公司，1999 年 7 月再版三刷），頁 22-33 。

㊴高厚永：《民族器樂概論》（台北：丹青圖書有限公司，1988 年再版），頁 76 － 80 。

㊵鄭德淵：《中國樂器學》（台北：生韻出版社，1984 年 7 月初版），頁 6-8 。

㊶同㉑，頁 65 。

㊷郭慧華：〈木蘭詩探析〉（台北：國立台灣師範大學國文研究所國文教學專題研究報告，2000 年 8 月），頁 5-7 。

㊸陳滿銘：《名家論國中國文續編》（台北：萬卷樓圖書有限公司，1998 年 9 月初版），頁 163-181 。

㊹梁鼓角橫吹曲的〈折楊柳歌〉為：「敕敕何力力，女子臨窗織；不聞機杼聲，只聞女嘆息。問女何所思？問女何所憶？阿婆許嫁女，今年無消息。」《國中國文教師手冊（四）》（台北：國立編譯館，1995 年 1 月改

編版再版），頁184 。

㊺《國中國文教師手冊（四）》（台北：國立編譯館，1995年1月改編版再版），頁181 。

㊻同㊺，頁224 。

㊼《國中國文動動腦（四）》（台北：萬卷樓圖書有限公司，1999年10月），頁144 。

㊽同㊺，頁225 。

㊾王運熙、王國安：《漢魏六朝樂府詩》（台北：萬卷樓圖書有限公司，1993年7月初版二刷），頁152 。

㊿同㉑，頁68 。

(51)仇小屏：《文章章法論》（台北：萬卷樓圖書公司，1998年11月），頁279 。

(52)清·劉熙載：《藝概》卷六〈經義概〉（四川：巴蜀書社，1990年6月一刷），頁172 。

(53)同(52)，頁173 。

(54)同(52)，頁168 。

(55)同(52)，頁169 。

(56)同(52)，頁170 。

(57)同(52)，頁171 。

(58)同(52)，頁171 。

(59)清·唐彪：《讀書作文譜·父師善誘法》（台北：偉文圖書出版社，1976年11月初版），頁87 。

(60)孫德謙：《古書讀法略例》（台灣：商務印書館，1968年11月台一版），頁339 。

(61)謝无量：《實用文章義法》（台北：華正書局，1983年9月初版），頁

111。

⑫同⑪，頁39。

⑬龔鵬程：《文學與美學》（台北：業強出版社，1995年元月修訂版），頁66。

⑭陳必祥：《古代散文文體概論》（台北：文史哲出版社，1987年10月初版），頁53。

⑮同⑭，頁53-54。

⑯沈謙：《文心雕龍與現代修辭學》（台北：文史哲出版社，1992年5月初版），頁334。

⑰同⑫。

⑱黃慶萱：《修辭學》（台北：三民書局，1992年9月增訂六版），頁287。

⑲黃永武：《字句鍛鍊法》（台北：洪範書店，1989年1月六版），頁69。

⑳同⑲，頁69。

㉑《國中國文（一）》（台北：國立編譯館，1991年8月改編本三版），頁2。

㉒《國民中學國文教師手冊（一）》（台北：國立編譯館，1994年8月改編本再版），頁8。

㉓同㉑，頁81。

㉔任興聲：《作文能力訓練》（高雄：復文圖書出版社，1982年初版），頁227。

㉕鄭明娳：《現代散文》（台北：三民書局，1999年初版）。

㉖同⑯，頁40。

㉗曾忠華：《作文津梁》中冊（台北：學人文教出版社，1985年8月1日

初版），頁88-90。

⑱同㉑，頁98。

⑲同㉑，頁99。

⑳同㉑，頁98。

㉑同㉑，頁74。

㉒同㉑，頁126。

㉓同㊄。

㉔同㉑，頁59。

㉕同㉑，頁58。

㉖同㉑，頁29。

㉗同㉑，頁112-113。

㉘同⑭，頁6。

㉙劉衍文、劉永翔：《文學鑑賞論》（台北：洪葉文化出版社，1995年9
月初版），頁612-615。

㉚同⑭，頁14。

㉛同⑭，頁15。

㉜《四庫全書》一四八一冊，頁806。

㉝唐彪：《讀書作文譜・卷七・文章諸法》（台北：偉文圖書出版社，
1976年11月初版），頁85。

㉞同①，頁329。

㉟曾忠華：《作文津梁・論說文篇》（台北：學人文教出版社，1988年8
月1日初版），頁33。

㊱魏怡：《散文鑑賞入門》（台北：國文天地雜誌社，1989年11月初
版），頁134。

㊲黃惠暖：〈談賓主法在文章章法中的運用〉（台北：國立台灣師範大學國

文教學專題報告，1999 年 8 月），頁 5-6。

⑱ 同⑰。

⑲ 同⑭，頁 131。

⑩ 同⑭，頁 44。

⑪ 同⑭，頁 63。

⑫ 同⑭，頁 253。

⑬ 同⑭，頁 160。

⑭ 同㉑，頁 54。

⑮ 同㊶，頁 383。

⑯ 同㊶，頁 384。

⑰ 蔡宗陽：《陳騤文則新論》（臺北：文史哲出版社，1993 年 3 月），頁 597。

⑱ 同⑰。

⑲ 曹冕：《修辭學》，頁 209。

⑩ 同⑲，頁 255。

⑪ 周明：《中國古代散文藝術》（江蘇：教育出版社，1994 年 12 月一刷），頁 251。

⑫ 同⑪，頁 256。

⑬ 同⑪，頁 256。

⑭ 同⑪，頁 258。

⑮ 同㉑，頁 17。

⑯ 同㉑，頁 16。

⑰ 同㉑，頁 132。

⑱ 同㉑，頁 130。

⑲ 同⑭，頁 74。

第四章

作文運材分類教學設計

根據本研究第二章第二節之作文教學意見調查結果中，國文老師對書寫日記、使用過的非傳統作文教學指導方式、老師最想獲得的教學指導技巧等項目的反應，筆者於本章分別以「生活作文」、「我」、「非傳統作文實驗教學活動」為學習主題，設計各項分類作文運材教學活動。

本章之作文運材分類教學設計之一為「生活作文」，這部分由「日記」、「書信」、「讀書會與個人閱讀心得報告」建構「生活作文」的學習內容。作文運材分類教學設計之二為「我」，內容包括「我的家族」、「其實我是個……的人」、「我的自傳」。作文運材分類教學設計之三為「非傳統作文實驗教學活動」，內容是「看圖作文」、「聽說有人吃下一部車」、「捷運作文」、「我愛大自然標語活動設計」。

「生活作文」與「我」係作文「實材」之分類教學設計，「非傳統作文實驗教學活動」之「看圖作文」與「捷運作文」則屬於「物材」的作文分類教學設計，「聽說有人吃下一部車」是「虛材」的作文分類教學設計，「我愛大自然標語活動設計」是「實材」的作文分類教學設計。

人生恰如玉性，順性而鑿。但願能藉著這些作文運材教學設計，和大家共同切磋國文教學，以及如何因材施教，如何開鑿出適性的作文運材教學方式。

第一節　作文運材分類教學設計之一

　　作文運材教學分類活動設計之一「生活作文」，由「日記」、「書信」、「讀書會與個人閱讀心得報告」所組成，其分類建構概念圖與教學目標為：

一、分類建構概念圖

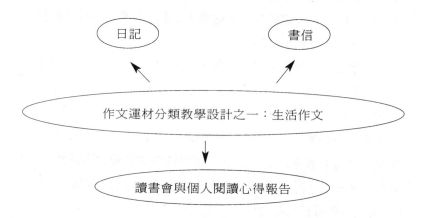

圖 4.1.1 「作文運材分類教學設計之一」分類建構概念圖

二、教學目標

　　「生活作文」是讓學生創作與生活相關聯的文章。生活作文所含括的生活經驗與閱讀經驗則是累積作文實材，既重要而又基本的方式。日記、生活週記、讀書心得報告、剪報的分類建庫與收集都是生活作文的內容。提倡生活作文希望達成三項教學目標：

㈠學生能將生活裡的點點滴滴，化做文字。

㈡教師能配合日常活動，指導學生取材、布局，學生能體認作文是生活所需，而不是憑空想像的去寫一些他不感興趣的事。

㈢會寫日記、便條、書信、讀書報告以及會議紀錄等等，讓生活中每一件事紀錄下來。

三、作文運材分類教學設計

以下就「日記」、「書信」、「讀書會與個人閱讀心得報告」分類說明：

㈠*日記*

1.設計理念

「日記」係每日個人生活的真實紀錄。凡是耳聞、目見、心惑，乃至讀書心得、往事追憶、計劃安排、行為檢討皆為日記所概括。每天寫日記不但有益身心，且有助於寫作[1]，更是「累積作文材料」的必要方式。

日記的起源在中國甚早。名稱如「家乘」、「日錄」、「日聞錄」、「日知錄」等，各有不同。日記在英文上稱為Diary ，解釋為A register of diary erents of transactions 。[2]即記錄每日事實或處理事件的經過。韋氏大字典中的解釋，日記是個人的經驗或觀察，所值得注意的記錄。[3]就筆者對全省一百五十位老師所作的意見調查結果，有九十五位老師認為學生需要寫日記。可見無論古今中外，大家一致認同日記書寫的重要。因此，筆者以日記書寫為學習內容，設計作文運材教學活動。

未來教育的關照重點，擺放在學習者身上，也就是學生自身。無論如何，在兼顧尊重創作隱私權的大前提之下，筆者嘗試

以學習者的作品編製上課講義，進行「教材再設計」的教學設計，希望對學習有正向的導引作用。

2.實施對象及人數

這項活動實施的對象為國一、國二學生，每班班級人數是四十人。

3.相對應寫作能力指標

F-3-1-1 能應用觀察的方法，並精確表達自己的見聞。

F-3-4-4 能配合各項學習活動，撰寫演說稿、辯論稿，並培養寫日記的習慣。

4.實施步驟

⑴蒐集學生作品，進行講義編製

筆者以國立編譯館出版之國中國文第一冊④〈日記的寫法〉為例，運用學生的作品為教材，編寫講義如下：

◎日記講義◎

甲、日記是一個人每天生活的紀錄。這可以幫助自己做記憶和省察的工夫。

例一：

民國八十三年九月二十五日

今天跑去張肇驛家玩，被媽咪罵了，因為我八點半才回家。結果下個月沒有了零用錢，不知要何「生活」下去了。

—— 志傑

例二：

在班上同學中有很多同學喜歡帥，我也是一樣，但帥真是將頭弄得很好看就是帥嗎？不是的，帥的定義就是做任何事情都很乾脆，而且又能很快完成。這樣才是帥，有的人做事判斷正確，毫不遲疑就開始動手做，而且做得又快又好，這才叫做帥。但有的人做事拖拖拉拉，動作又慢，做得也才普普通通，真是一點也不帥。

──友瑋

乙、日記是鼓勵自己修養品德，研求學問，發展事業的一種最好
　　的方法。

例如：

　　九月二十二日

　　由於競試考考的不好，薪水減少，所以最近都過著貧民般的生活，有如甲級貧戶，也沒有多的錢買漫畫，我已經很久沒有看了，真是有錢行遍天下，無錢寸步難行，社會真是太現實，害我到了山窮水盡的地步了。

──韋德

丙、全部的日記就等於是自己的自傳。別人要真正地了解自己，
　　最好是借重自己的日記。

例一：

　　九月二十六日

今天聽到要打掃廁所後，差點吐血，一問之下，才知道是老師在處罰我，真殘忍，竟然還寫聯絡簿，啊！又吐血了。

——彥志

例二：

十月十八日　星期二

今天因為有打球，所以很累。回到家一直在模糊的狀態中，全身無力，那種無力的感覺真是難以形容。

——哲維

丙、寫日記，最忌刻板的形式。
例一：

鐘聲一響，老師就進來了，突然沈文程說：「孫越！」，原來老師和孫越長的很像，而且還留著大鬍子，看起來還真是「和藹可親」呢！

——毅竑

例二：

最後還是感謝您幫我換位置，因為此位「風光明媚」、「視野良好」是個「好望角」，因此位又因「深居內陸」、「位置優良」，「風水」無限好，是個「標準」的好位置，Very good！I like it！

——明軒

例三：

　　今天放學後，沒有場地可以打籃球 所以大家都「結屎臉」，回家搭公車時，吳振豪說他不要當服股長了。一路到家，這是ㄚ信的精神嗎？

—— 智雄

丁、日記的主文，可以包括下列各項：
（甲）一日的生活：
例如：

　　今天過得很美好，校長很好，主任很好，各科老師們都很好，每位同學都很好，1號很好，2號很好，……54號很好(中省略)，報告完畢。謝謝！

—— 庚辰

（乙）讀書摘要或心得：
例如：沈文棋的日記。
（丙）時事：

　　十月十四日
　　今天新聞播出了「中共攻打台灣的計畫」真是好怕，我想這也喚醒了我們的「憂患意識」，並非生長在安樂的社會，就不會有戰事發生，而我們更要避免台「獨」，才不會讓中共有「有機

可趁」。

　　　　　　　　　　　　　　　　——文彬

（丁）感想：

　　最近，在新聞報導上最常聽到不再是成年人的犯罪較差，而是青少年暴力問題，這真是值得大家檢討的問題，每當我看到這件事，不禁熱血沸騰，為什麼那些少年搶劫甚至涉及個人安全？這真是個「大」問題！

　　　　　　　　　　　　　　　　——世遠

（戊）計畫。
（己）其他值得記的事。
例如：

　　今天早上，我帶著我昨天好不容易買到的美術用具，結果後來我騎腳踏車到車站後，卻忘記帶走我的美術用具，直到上了公車。我才想到忘了帶走美術用具，我還真健忘，每次都忘東忘西，回到樹林後，我那美術用具還在車上，真是謝天謝地。

　　　　　　　　　　　　　　　　——宣榕

戊、日記的文字要簡潔明晰活潑生動。最忌拖杳累贅廢話滿紙。
　　又忌枯燥無味，懨懨無生氣。
　　　例如：

十月十八日　星期二
　　哦！NO！越來越累了，趕快寫功課，準備一下明天要做些什麼，考什麼試(考最好)，哈！哈！哈！……現在用好了，親枕頭，睡覺ZZZ。

　　　　　　　　　　　　　　　　　　——偉豪

⑴日記賞析
例一：

　　十月十四日
　　TOTORO最近似乎很關心我們班，常常早上來教室巡查，而今天我逃過一劫，就是今天我一到教室，馬上就看到巨大的TOTORO在教室，而他剛好要走出教室，而在還沒走出之前，他背對著我，似乎沒看到我，我一看到他，遲疑了一下，立刻就以最快的速度坐在椅子上，他就從後面緩緩走出，幸好今天摸很晚。

　　　　　　　　　　　　　　　　　　——科維

例二：

　　今天在公車上看到一位孕婦要下車，可是前面太擠了，尤其是大肚子很難擠，司機不讓她從後面下說她還沒有付錢，最後她說要把錢傳給司機，司機才開後門讓她下車，還有人一直為孕婦打抱不平。

　　　　　　　　　　　　　　　　　　——剛佑

例三：

　　今天我發現陳彥志是一個十分誠實的人，下午發地理時，陳彥志93分我92分，我想說我輸了，沒想到他說改錯了一題，所以我們還是「平手」，不過平手也算不錯了，本來他可以拿第二名，現在卻和我一樣拿第二名，可見我們班上不會為了幾分，而把友誼丟在一旁。

　　　　　　　　　　　　　　　　　　　　　　——振豪

　　⑵進行講述教學

　　由於講義內容為學生之作品，因此已能引起學習動機。教師可以採用講述教學，配合講義說明。

　　⑶學生實作練習

　　教師講解係一引領功夫，就「日記」而言，端賴學生持之以恆的努力。

　　日記實作練習分為兩個步驟，第一個步驟是每天必須持續書寫生活日記，第二個步驟以一個月的生活日記為基礎，進行寫作素材階段性統整，運用一個月的生活日記內容，寫作完整的文章。

　　┌────────────────┐
　　│5.學生作品實錄│
　　└────────────────┘

生活作文　　　　　　　　　　　　　　　　國二聖　林仙琪

＊第一部份　我的公元二千年十一月份的日記

11 月 2 日

老師說話果然很準，上次在課堂說一說，沒想到今天抽英文背誦就抽到我們班，而且還是我，當時我還真的被嚇了一大跳呢！最可怕的是本來要上司令台耶。現在我真的太感謝今天早上的那一場雨了，它讓我免上台去，我也得感謝英文老師幫我們一而再的複習才使我今天順利的背完了，還被學務處的人誇獎呢！喔～～！雨和老師謝謝你們～～～。

11月3日

今天回家接到我的超好友打來的電話，她讀金陵女中，我們假日常會通電話，交換彼此的心情，和發生的新鮮事，而明天就是金陵女中的校慶，雖然她邀我去，我也非常想去，但我擔心金陵女中不對外開放，不過我還是很高興能和她通電話……還有，謝謝老師，我的糖果，好好吃！^_^

11月4日

今天如期的到金陵女中去，原本還以為不對外開放呢！不過顯然沒有，我看見了我兩個最最要好的朋友，我很高興的和她們聊了好久，他們第一次月考比我們多了一些，而難度好像差不多，其中一位好朋友考的不是很理想，但我們還是彼此互相加油，下一次的月考大家一定能有進步。

11月6日

今天有一禮拜一堂，我最喜歡的電腦課，現在教的是英打和發e-mail，以前國小老師有向我們稍微提過，所以聽起來比較容易懂，我比較擔心的是考英打，這是要靠平時勤練才能有好成績，最快樂的是考完後能夠上網，去看看一些有趣的動畫，和上一些好玩的網站，看看美美的圖案，真是太……快樂了，我愛死電腦課了～～～。

11 月 7 日

今天身體很不舒服，但回到教室後大家都很關心我，真謝謝她們，也謝謝老師和保健室的阿姨，不過，還是好不舒服喔！！~~~~

11 月 8 日

今日週會的主題是愛上大自然，那位老師給我們看了許多幻燈片，真的看不出來那是用普通相機照出來的，非常漂亮，有時候真想和那位老師一樣到處走走，最好還是和朋友去，擺脫平時煩悶的空間和沉重的壓力，不知該有多好耶！

11 月 9 日

最近班上來了一隻狗，起初大家都對牠很好，尤其是誠班的女生，還常拿東西餵牠，使得這隻小狗越來越喜歡在班上了。今天午休，有人看見教官拿電擊棍電牠，那隻小狗好可憐喔！但卻沒有人可以幫牠。

11 月 10 日

星期六媽媽因為鄉下有事所以回外婆家，我不怎麼習慣媽媽不在家，但外婆家太遠了，我會暈車，加上坐車很遠，所以就不打算和媽媽一起去，但之後也和往常沒什麼不一樣，只是爸爸煮的菜比較少，其他的也都還好，放假依然很快樂。

11 月 13 日

今天是休假後第一天上課，每到今天就覺得好累，但是有電腦課就開心多了，我以前的朋友家裡買了電腦，也有上網，我已經發e-mail給她，希望她有收到，也回發給我。

11 月 14 日

今天上家政課時，老師教我們包裝，每個人都帶了好漂亮的

包裝紙，大家都好用心包，也拚命的做裝飾，出來的成果也都好棒，我很用心做，所以我也覺得自己做的很好。

11 月 15 日

今天放學時，看到一則新聞，讓我嚇了一大跳，原來有一名國小六年級的女學生因與家人發生口角而在房間上吊自殺，還留了一封信給父母，說自己不孝，死了也好，她如果覺得不孝就不該自殺，父母從小為她花了多少心血和金錢，她就這樣自殺，真是太太太不孝了。唉！自殺太可怕了，就一個短短的念頭，就可能會送走一條寶貴的生命。

11 月 16 日

今天的倫理課老師讓我們看影片，是小孩子從在子宮的第一個月到要分娩時的成長，裡面介紹第一個至三個是嬰兒最脆弱的，母親也必須非常注意，畢竟肚子裡還有一個即將誕生的小生命，所以每個母親都是很偉大的。

11 月 17 日

今天的輔導活動老師請了幾位同學為上次課本上的推理題目做講解，但同學說的都有些疑點，後來老師告訴我們正確答案，老師的答案顯的比較準確，也不會有疑點，老師還教我們認識自己，這堂課很有意義，我也很喜歡。

11 月 20 日

今天數學老師發數學週考考卷，因大家考的並不理想，所以老師很生氣，老師告訴我們數學的領域中，邏輯思想占很重要的地位，因此通常數學好的人，其他科目的成績都不會差到哪兒去，但我就對數學頭痛，如果沒給我一定的公式我就會算不出來，所以我非常非常討厭數學，班上那些數學好的人，不知道他

們有啥好方法，能讓我喜歡數學……比起數學，社會不就容易多了，不是嗎？

11 月 21 日

今天家政課，老師要我們把自己最滿意的特色和班上最欣賞的人寫下來，但是班上的人要把自己的特色寫出來，大家都好像困難重重，老師說大家都沒有發現自己的優點，這是需要時間的，我想也是吧！如果沒有時間，誰也無法發現吧！

11 月 22 日

今天的週會，校長要我們討論校慶，我想校慶一定會很有趣吧！之後教官和我們一起討論禮貌問題，教官說老師們最近發現學生們的禮貌退步許多，但有時見到不認識的人，如果他不是老師，那叫錯了，是非常丟臉的。

11 月 23 日

今天的考試是非常的多，其實不只是今天，這幾天都是一樣的，下禮拜就要月考，明天是所有老師幫我們「強力」複習的最後一天，我得要好好的加油，月考完抱個好成績回家，所以現在就要加滿油，全力衝刺。

11 月 24 日

明天就要月考了，現在是好好努力的時候，雖然我一坐到書桌前就很想打瞌睡，但是到了這個非常時期，我就必須強忍睡意盯著書本，希望有著好成績，我現在一定要上好發條，全力以赴。

11 月 30 日

月考總算結束了，可以不用每天一直考試了。但顯然不是，因為發完考卷每位老師又開始上課了～真討厭，不過好險還有校

慶，但這次的活動，我並不是很喜歡，加上我們的校慶竟然和我的好友的校慶撞期了～～～那我就不能去了，不知道校慶是否對外開放？還有會不會補假？

※第二部分 寫作素材彙整

生活小記

因為生活，所以總想記下些什麼⋯⋯。

一生之中，總會有許多的第一次，第一次騎腳踏車、第一次上學⋯等。我第一次被抽到背誦英文，是在國一時。我不得不佩服當老師的人，當老師除了要有一定的智慧以外，是否還要具備有某種特殊的能力，在我被抽到之前，老師曾在課堂上告訴班上同學，我們這次有可能會被抽中，沒想到一說即中，好死不死又剛好是我。不過好險，平時我沒做啥壞事，老天決定垂憐我，那天下雨，因此原本該在司令台上背改為在學務處，加上之前有英文老師的複習，我平安的過關了，還讓學務處的老師小誇了一番，喔！我誠心的感謝那場美麗的雨以及可敬的英文老師。

「在家靠父母，出外靠朋友」這句話告訴我們和朋友保持聯絡是必要的，撇除這些利益關係，有朋友其實也是一件令人倍感愉快的好事，特別是知心的朋友。我有兩位很要好的朋友就讀金陵女中，假日我們常聊聊生活上的新鮮事，國一時我接受她們的邀約去參加她們的校慶，雖然不是第一次進金陵女中，卻是第一次看見好友在那裡的活動情形。那天我稍稍了解她們學校一些，其實她們的課程比我們多一點，他們部份選修課程事全部上完，當然月考範圍也多我們一點，滿辛苦的，不過沒關係，我們可以互相加油，讓大家的成績都一次比一次好。

　　母親是真的很偉大，自我們在肚子裡，媽媽們就開始辛苦的撫養我們了。記得有一次上倫理課時，老師讓我們看了小貝比在母親子宮的第一個月到分娩時的成長影片。那次，我深深了解到身為母親的重要，小貝比在一至三個月是最脆弱的，如果沒有媽媽細心的照料，我們現在哪能快樂的生活在這個美麗的花花世界裡。可是，這世上偏偏有人不懂得愛惜自己的生命，之前有一個很聳動的新聞，有一位六年級的女生，因為和家人發生口角，結果就在房間裡上吊自殺，還留了一封信給父母，說自己很不孝，不如死了算了，可是她要真的知道自己不孝就更不該自殺，她也未免太自私了吧！她爸媽為了她花了那麼多的心血和金錢，她因為自己的一個念頭，斷送自己的生命，叫父母情何以堪，或許就目前的我們而言，要給父母什麼舒適的生活是不太可能的，我們應該好好愛護身體，用功讀書，就是現在我們給父母最好的禮物了吧！ㄟ……說是這麼說，怎麼做還是看個人了。

　　就目前科技時代而言，電腦已經成為每個人必備的技術了，我們學校比較特別，國一就有電腦課了，那時的課程是發 e-mail 和練習打字，除了考試和作功課，電腦課的其他時間我都超喜歡的，尤其是上網，能看一些有趣的動畫、不錯的文章以及美美的圖片。總而言之，我就是愛死電腦課了！！

　　家政課是我國小時最嚮往的一堂課，國中我如願上了這堂課。雖然是喜歡這門科目，只是我的手不是很巧，每次做出來的東西都不是頂好看的，有次做的是包裝，老實說成品是很醜啦！不過它是我用心做出來的，所以我很喜歡。家政課除了做些東西外，老師也會告訴我們一些生活常識，有次老師要我們寫出自己的優點即班上欣賞的人，欣賞的人倒是不少，可是要寫出自己的

優點就有些棘手，老師說發現自己及他人的優點是需要時間的，時間是一個很了不起的魔術師吧！它可以讓你重新認識自己和別人，很神奇吧！

　　除了家政課外，另一個吸收知識的課程就是輔導課了，我很欣賞輔導老師，我覺得輔導老師說的話很能讓人心服口服，講的道理也比較容易懂，我很喜歡輔導課就是了。老師有次讓我們做些推理題目，並請同學說說自己推理的方法，可是同學說的都有一些小疑點，後來老師公佈了答案，也向我們解釋了原因，老師說的顯然比較合乎邏輯，自此令我更加佩服輔導老師了。

　　談到邏輯觀念，這方面似乎是女生比較弱，所以我總是特別怕理科。曾經有老師說在數學的領域中邏輯思想佔了很重要的地位，因此數學好的人其他的科目都不會差到哪去。每次考完數學就讓我信心重挫，不知道有什麼方法，可以讓我喜歡數學——應該是不太可能吧！

　　記得國一時，有隻狗狗常在班上和我們一起上課，而部分女生甚至會餵牠吃東西，使得小狗狗更喜歡待在班上了。可是某天卻看見教官拿電擊棒電牠，雖然知道這個動作是保護我們學生，但還是會心生不忍，而且沒有人能幫助這個生命，牠真的是很可憐。

　　學校的週會課是個很有意義的一堂課，常常能學到很多新東西。印象中有次的主題是「愛上大自然」有位老師給我們看了很多他自己作的幻燈片，是用普通的相機拍出來的，但卻十分的漂亮。其實台灣還是有許多美麗的好地方的，有時候還真想擺脫煩悶的空間及沉重的壓力，邀三五個好友，一起散散心，一起去發現更多台灣的美。

　　生病真的是一件很麻煩的事，國一的我不知怎麼搞的，身體的狀況不是很好，但卻因為身體的不適而讓我發現班上的人真的都很好，還有老師和保健室的阿姨，大家都很關心我，真的很謝謝她們，不過生病太不舒服了，還是要好好保護自己的身體。

　　相信每個學校都會有個現象，就是在月考前的一個禮拜，每位老師都會卯足了勁替學生複習，如果你沒有卯足勁去面對，那鐵定會死的很難看。雖然每當我一坐到書前就會很想睡覺，但我還是會強忍睡意，上緊發條，畢竟我不想拿自己的前途開玩笑嘛！而考完就會出現一個和國小不太一樣的現象，通常國小考完了就是你玩的時候了，可是國中就不可能了，考完了就繼續往下上課，說實在的還真的有點討厭，但我已經經歷了九次了，我應該可以慢慢習慣了。

　　國小六年級時，我很害怕上國中，一半是捨不得國小的朋友，一半是覺得國中的壓力太大，可是到了國中學了好多東西，認識了不同的人，發生好多有趣的事，課業是增加了，但我還是覺得生活很充實，我希望在我的小記中能有更多、更有意思的事，它們是我生活的一部分，我要讓他們永遠留在我心裡。

　6.小結

　　以林仙琪的作品來說，第一部份之日記內容如能增加年代、星期、天氣，並且注意標點符號的使用，或者補上一些插圖，將使日記內容更為活潑詳實。而從第一部份切入第二部分的寫作素材彙整，我們可自作品實錄看出其寫作能力的增進。

　㈡書信

　1.設計理念

《我國中小學國語文基本學力指標系統規劃研究》及《國民

中小學本國語文課程綱要草案》中，都提及應訓練學生寫作書信、日記、便條、名片、啟事、標語……等應用文的能力。⑤經常寫信也可成就作文積累的功夫，靈巧運用生活素材的寫作。

2.實施對象及人數

實施對象為國二學生，班級人數四十人。

3.相對應寫作能力指標

F-3-1-1　　能應用觀察的方法，並精確表達自己的見聞。

F-3-2-1　　能精確的遣詞用字，恰當的表情達意。

F-3-8-8　　能透過電子網路，將作品與他人分享，並討論寫作的經驗。

4.實施步驟

(1)準備工作

事先交代同學準備：

甲、信紙。

乙、中式信封。

丙、郵票一張。

(2)進入課程內容

方式之一：

方式之一係傳統書信的教學與實作，可分兩個步驟進行。第一步驟進行書信格式講解，所引用的例證，以該班學生為例，比較容易引起學習動機。例如：書信的寫作，必須先弄清楚兩個問題：「對象是誰？」「什麼事情？」⑥就像簡川于寫給陳廣偉，為了追回電動玩具。那麼，簡川于和陳廣偉是同班同學，是平輩。因此，提稱語，稱謂都必須是平輩的身分。教師盡量以同學為講解範例，清晰地、完整地交代如何完成一封信，包括信封的

寫法，以及郵票的黏貼。學生在了解書信的格式之後，必須實際習作。習作的內容，包括信封和信紙的書寫。

　　第二步驟是書信習作。實作所須要的時間較長，教師可規定學生在作品完成後，由教師驗收後寄出。

　　方式之二：

　　方式之二係將書信與電腦網路使用結合，建構人文關懷。

　　施行方式則由教師編製講義發放給學生練習，講義內容如下：

單元名稱：書信習作

日期：西元 2002 年 2 月 2 日

單元命題：

說明：

⑴以下是一篇報紙的文章：

1999 年 9 月 21 日深夜 1 點 47 分，許多時鐘都在這一刻，靜止沉寂了下來……許多家庭因為 921 地震的重創，頓時面臨巨大改變，許多孩子在這次地震中，頓失所怙，烙下一生中難以磨滅的陰影。難過、害怕、憤怒、恐懼、失望、無助、哭泣……。每一種表情背後的心情，都有一些故事與經歷。是幸運吧！我們平安的經歷這場浩劫！但是卻有許多人無法擁有跟你我一樣的幸運吧！是不是每個人都有一個屬於自己的幸運指數呢？可不可以拿大家指數加起來的總和，在除法運算的計算裡，求出一個結果，平均分給每一個人？讓黑夜過去，黎明再

現。為了給921地震中，所有受到驚嚇與創傷的自己與孩子們，一句話、一份關懷、一個提醒、一份感情！資訊版與小蕃薯網站合開「921關愛留言板」（http://kids.yam.com/act/moon.htm）寫下你的支持與鼓勵，為經歷這場災難的孩子們，盡一份自己的心力！⑦

(2)請同學書寫一句話、一份關懷、一個提醒或一份感情給921地震中，所有受到驚嚇與創傷的人，並請利用電腦網路，將這份關懷上傳「921關愛留言板」（http://kids.yam.com/act/moon.htm）。

(3)同時請將您的關懷與祝福寄給老師，<u>老師的電子信箱號碼是 q1290129@ms35.hinet.net</u>

（註：以上留言內容取自小蕃薯網站（http://kids.yam.com）的「Yam Kids921地震特報專題／921溫馨關懷語／聽聽孩子的溫馨語」單元，留言由台北市東門國小的學生所提供，並在國語日報及漢聲電台愛家總動員節目中播出。）

再將上述寫作材料作班級開放性討論，分享彼此心得。

教師如先後實施上述兩種教學方式，應可同時顧及書信習作教學的傳統與創新。

5.學生作品實錄

明軒大鑒：

阿軒！寫這封信是要告訴你，我非常的欣賞你的漫畫。雖
然你長得很像蠶寶寶，可是我也不會恥笑你的，還有，瘋
瘋的是你的個性，我覺得畫家都是這樣的。專此　敬請
大安

友哲維　敬啟十二月七日

6.小結

康哲維的書信作品，活潑可愛，呈現出一種童趣。我們可以
用兒童的眼光和心理欣賞孩子的作品，透過童言童語的敘述，反
省久經世故的成人世界中，漸漸失去的許多美好的性情品質。

透過這樣的教學設計，學生將能活用所學。

(三)讀書會與個人閱讀心得報告

1.設計理念

閱讀是累積作文素材的重要功夫。我們可自閱讀與討論之
中，建構書香社會，並學習與團體交流溝通，互換意見。

2.實施對象及人數

實施對象是國中二年級，人數五十人。

3.相對應寫作能力指標

F-3-4-4　能配合各學習領域，練習寫作格式完整的讀書報
告。

F-3-4-5　能集體合作，設計宣傳海報或宣傳文案，傳遞對
環境及人群的人文關懷。

F-3-5-7　能將蒐集的材料，加以選擇，並做適當的運用。

F-3-8-8　能透過電子網路，將作品與他人分享，並討論寫
作的經驗。

4.實施步驟

方式之一係以分組的方式進行：

(1)教師解說讀書會功能並確立班級讀書小組成員

教師協助分組，引導小組挑選優良讀物，並協調各小組讀書報告的時間及日期。班級讀書小組分組情形如表4.1.1：

表4.1.1　班級讀書小組分組表

一、　組織架構：

(一)　會　長：林玉婷
(二)　行政組－組長：鄭采瀅　組員：曹仰雯、徐慧珈
(三)　文宣組－組長：廖欣怡　組員：陳詩婷、杜晨君

二、分小組、取組名：(每組至多10人為佳)

(一)小組名稱：1.
　　小組組長：褚慧茹
　　小組組員：杜慧君、林仙琪、吳淑萍、廖欣怡、陳薇婷、蔡瑜芳、陳詩婷、王詩婷

(二)小組名稱：2.
　　小組組長：闕汶羽
　　小組組員：賴瀅如、顧薇君、陳莉涵、許喬甄、林雨秋、顏木貞、林怡君、樂宇彤

(三)小組名稱：3.
　　小組組長：陳惠青
　　小組組員：陳怡樺、劉伊婷、高寧憶、邱郁婷、鄧婷文、張婓雯、林玉婷

(四)小組名稱：4.
　　小組組長：洪佳妤
　　小組組員：楊憶萱、陳怡巧、張鈺桃、卓思瑩、林品妤、林毅含、傅郁雯

(五)小組名稱：5.
　　小組組長：謝佩鈺
　　小組組員：張馨之、吳絲婷、林家禎、彭玟瑜、楊琬琳、蘇塊鈞、廖玫瑛

(六)小組名稱：6.
　　小組組長：楊世奕
　　小組組員：鄭采瀅、尤庭甄、游翔婷、徐慧珈、曹仰雯、許馨心

以上各組小組名稱，應可活潑化，譬如以小白兔組、大海組、藍天組等名稱取代第一組、第二組、第三組。

(2)小組成員分組討論

小組成員自由約定討論的時間，以及安排口頭報告與書面報告的各個分工合作的項目。

第一次分組討論的重點在於必須決定每次聚會的閱讀內容（材料）、書籍作者、範圍等。教師可依討論項目設計表格，以表格內容協助學生掌握討論的方向。分組討論之表格，可如下例：

表 4.1.2 　分組討論表

日程	閱讀內容（材料）	作者	出版社	範圍	導讀者	備註
90.10.03	乞丐囝仔	賴東進	平安出版社	全書	劉寶琳老師	
90.10.31	哈利波特2	J.K羅琳	皇冠文化出版有限公司	全書	劉寶琳老師	
90.11.14	少年小樹之歌	佛瑞斯特卡特	小知堂出版發行股份公司	全書	劉寶琳老師	
90.12.12	用腳飛翔的女孩	蓮娜瑪利亞	傳神愛網協	全書	劉寶琳老師	
90.12.26	他一個男孩的名字	林黛嫚（選）	朝陽文化	全書	劉寶琳老師	

(3)小組成員製作口頭報告的海報

各個讀書小組進行口頭報告時，可運用海報或者更多不同面向的呈現方式。讀書小組製作海報的實際情況：

圖 4.1.2　讀書小組製作海報圖

⑷進行口頭報告

　　各小組分別進行口頭報告，口頭報告方式自行安排。可使用
分組座談或者小組成員交叉報告。口頭報告實際呈現：

圖 4.1.3　讀書小組口頭報告之一

圖 4.1.4　讀書小組口頭報告之二

(5)提交書面報告

　　學生於口頭報告結束後，應提交書面報告，各組書面報告內容基本要求如表 4.1.3：

恆毅中學國二聖班第一組讀書報告

(1)組長：褚慧茹

(2)小組成員：陳詩婷、王詩婷、陳薇瑋、林仙琪、廖欣怡、杜蕙君、吳淑萍、蔡瑜芳

(3)討論日期：2001 年 10 月 27 日㈥

(4)書名：乞丐囡仔

(5)作者：賴東進

(6)出版社：平安文化有限公司

(7)《乞丐囡仔》內容梗概：

　　《乞丐囡仔》一書，描寫了賴東進艱苦奮鬥的生活歷程，

為求一家十四口能夠存活的經過。他在暴風雨裡、在寒夜裡行乞，多少次因為要不到飯，還去偷人家餵狗的飯，喝水溝的水。平凡人無法忍受的不堪與煎熬他都受過，只為能活著看見明日的太陽。

賴東進的父親是盲人，母親與大弟精神異常，且重度智障。家中十二個孩子的衣食，全都靠他討飯乞食。在小學六年的求學生涯中，他一共拿了八十幾張獎狀，內容包含大小考試、模範生、美術書法、田徑比賽等等，表現極為出色。而不斷獲獎的最大原因，是為了對十三歲就賣身火坑的姊姊唯一的報答。此外，在放學回家之後，他還要照顧弟妹、幫智障的母親處理月經。賴東進也曾消沉過，腦海興起自殺的念頭，但是最後想要擊敗他的種種挫折，都成為讓他更堅強的助力。

賴東進曾經是人人嘲笑的小乞丐，他在墓地睡了十年，忍受二十年的譏諷與恥笑，數十年來，睡眠極小，每天只睡三四個小時，他用不斷的努力去證明，不幸的人一樣可以出人頭地。

最後，他憑著一股「不服輸」的意志，用他奮鬥的結果向世人說明：雖然他是個「乞丐囝仔」，只要肯努力，終究有出頭的一天。

⑻小組成員心得感想：

陳詩婷：賴東進是一個懂得孝順父母、照顧弟妹，不氣餒，朝著艱難的道路往前走，忍住別人的嘲諷，但是最後還受到別人的肯定與支持，所以我們要學習他的精神。

王詩婷：我覺得賴東進他的意志力很堅強，從小到大都被人譏笑，他是忍受了譏笑過了那一段痛苦的日子，俗語說：「人在

做，天在看。」總算得到他應有的溫馨。

陳薇瑋：我很佩服他可以憑著一股「不服輸」的精神，一直努力到現在，他在小學六年拿了八十幾張的獎狀，可見他是個很有意志力的人。

林仙琪：雖然他們一家人都只能用「可憐」二字形容，但我真正最同情的人是作者的姊姊，她在我們這個年紀的時候，就要被迫去做「特種行業」。同樣都是女生，生活卻有那麼大的差別，這時候就真的不得不承認我們真的很幸福。

廖欣怡：我覺得作者是一位非常會為別人著想的小孩，而且他還在傍晚去河邊幫媽媽洗褲子，雖然心中感到些微的害怕（我覺得他應該非常恐懼），而且怕被別人看到，但他還是做了，要是換做我大概做不出來吧！

杜蕙君：我覺得作者很厲害，可以在這麼艱苦的環境中長大，要是我可能沒這樣的能力吧！

吳淑萍：作者是一個很厲害的人，從小就那麼努力的讀書，我認為我們應該向作者好好學習。

蔡瑜芳：我覺得作者是一個很勇敢的人，在這麼困苦的環境中成長，不但沒有退縮，反而更努力向前，我覺得這種精神是值得我們去學習的。

褚慧茹：這是一個很困苦的家庭，我覺得他們很可憐，不過他們可以堅強的活下去，我已經非常佩服他們了。

封面製作如圖4.1.5：

圖4.1.5　讀書報告封面

⑹將讀書報告上傳至班級網頁，與大家作學習資源分享。

方式之二以個別的型態進行：

⑴學生平日可養成書寫閱讀心得的習慣。文章來源不拘，內容可以是報刊雜誌閱讀心得、一本書的心得，或是自電腦網路上閱讀之文章心得。

⑵個別的讀書心得口頭報告，可以運用報紙副刊所登載的優秀作品。這類的報告性質屬於「剪報心得」，剪報心得書面報告必須標明文章出處、日期、作者、佳句、心得感想。如下例：

你所知道的媽媽們　剪報作業之一　　國二聖　陳莉涵

出處：自由時報副刊

日期：90 年 11 月 14 日

作者：阿達·阿哈羅麗

譯者：向明

報紙內容⑧：

　你所知道的媽媽們

　很久很久以前

　就已被種種人性的信條和需要

　所明智的定律

　尊稱為家庭的和平女神

　透過子宮和鮮血、她們

　毫不吝惜地付出健康與生命

　而她們都相當地成功

　那些家庭和平之神的母親們

她們已經以她們的智慧

她們的意志力和微笑

以及溫情的語言和顧盼的雙眼

平和親密地保衛她們溫暖的家庭

無疑比發動一場核戰更保命

勝過一次毀滅性世界大戰

即使比一場小規模區域性戰爭

死掉一兩百萬人更能維護安寧

如此為何不讓母親們

成為這世上的和平保護神

確保我們的情況不會更壞

而且這些母親們可以隨時效命

甚至你可在敵營找到她們

你看那些人把我們這藍色星球

搞得這麼可怕的亂七八糟

母親！你是現在唯一可以救贖我們的人

妳是唯一真正了解

如何保護妳的受驚的孩子

他們正悲泣這被戰爭蹂躪生病的世界

母親！妳是當今唯一可拯救這世界的人

將它撫慰在妳溫馨的愛的臂彎吧……

佳句 ：

家庭的和平女神、平和親密地保衛他們溫暖的家庭、撫慰在妳溫馨的愛的臂彎吧。

心得 ：

媽媽的確是世界上唯一能安慰我們的人，她會關心、愛護、責罵我們……等，但這全都是為了我們好，世界上有許多人老是罵別人不孝……等事，但他們是否想過自己已盡孝道了嗎？相信有大半人都認為自己已盡了，但還是不夠，他們以為成績好就是盡了孝道，品性也很重要，加油！

流行　剪報作業之二　　　　　　　　國二聖　鄭采瀅

出處：自由時報副刊

日期：90 年 11 月 29 日

作者：胡晴舫

報紙內容⑨：

一件事情開始流行的時候，幾乎就是他死亡的徵兆。因為受歡迎，所以必須大量製造。因為被大量製造，於是密集出現。大街小巷，窗前門口，每一個轉角，每一次移開視線，那個流行的人或商品或概念或物體，轟然拱立在你的鼻前，阻擋你的去路。無所不在，永不停止地對你展開誘惑的行動，想要勾動你的熱情，一次、一次，又一次，再一次，直到你消耗殆盡為止。

流行是一樁恐怖陰謀。目的是讓人對生命感到厭倦。從最初的驚喜掉落至全然的鄙夷。你發誓再也不想看見、品嚐、嗅聞、觸摸到同一個人，同一件東西，同一項活動。因為你受夠了。你

無法忍受你的生活處處充斥它的陰影。那是一種強力的控制，令你窒息，因為它不讓你感覺生活還有其他不同的可能性。像是一個不懂得適時放手的情人。

起初，他那天撲天蓋地而來的愛情，看似炙熱而真誠。對一個剛戀愛的人來說，他那天二十四小時在一起的要求，他那拼命想介入你生活的積極態度，代表了他強烈渴慕你的心情。他要你，無時不刻。他不能不想你。必須與你永遠在一起。而你的虛榮心如此的獲得滿足。

直到一天，你突然發現，在你的生活環境裡，四周雖沒有鐵絲網包圍，放眼望去，你卻看不見任何出路。沒有，你並沒有被鐵絲網圍住。但，你知道事實上是在坐牢。因為你遵循著別人為你規定好的生活方式。因為，你總是跟同一個人在一起，說同一個句子，梳同一式髮型。你活得沒有特色，沒有希望，沒有創意，而，當初愛情所給你的保證，那個遠走高飛的夢想，如今早已褪得一點痕跡也不剩。

流行令人生厭的原因，是因為它玩弄人們的感情。它知道它的魅力，而且不知節制地揮霍，不斷拉扯那一點純粹的喜愛情緒，直到整件事如同一顆方糖掉入一座湖的中心，再也甜蜜不起來。

如它剛開始時逼你喜愛它、習慣它、寵倖它那般，它最後同樣迫使你厭惡他，排拒它、憤恨它。流行在人們身上所引發的情感總得是非常極端。不是大喜，就是大悲。在談論流行之際，中庸之道說不出任何道理。

即使，你終將個既可惡又可愛的流行從你的生活拔除，你所得到的感傷也同樣不可能是微弱而容易淡忘的。因為，流行現象

讓你明白，就算是天上最光爍明媚的一顆星星，也終有一天，會燒光最後一根光芒，變成一塊再普通不過的石頭，任你走過時，毫無知覺地跨越過去。

佳句：

流行是一樁恐怖陰謀，目的是讓人對生命感到厭倦。從最初的驚喜掉落至全然的鄙夷。

流行令人生厭的原因，是因為它玩弄人們的感情。它知道它的魅力，而且不知節制地揮霍。

心得：

流行，是新世代年輕人所追求的，為了追求流行，我們可以不顧一切吧！流行的範圍很廣，應該不只是社會上的事物，還包括……班上、團體中的一切。

流行是盲目的，流行也流得沒有理由，喜歡的人就是喜歡，我們也容易被流行所吸引吧！喜新厭舊，人人都會，只是時間長短得不同罷了！

流行就像一個石洞，人們會不知不覺的跳進去，可能再也出不來，可能別人也救不了你吧！自己要有自己的自制力才行的，因為，可能別人也會被那打死人不償命的流行給帶走了吧！

任何事情都難猜測，近朱者赤，近墨者黑，這就是所謂的「流行」吧！只能更期望自己的自制力也夠才行，不要被「流行」給帶走，因為……沒有人可以救的了你吧！

在茫茫人海中……如何尋找那正確的流行呢？

(3)此外，在個別的讀書心得報告方面，教師可設計閱讀心得
紀錄表，讓學生作「經常性的寫作素材積累」，閱讀心得紀錄表
之建議（含書寫範例）⑩如表 4.1.4 。基於寫作素材累積的多元
性考量，閱讀心得紀錄表的內容不限範圍，所有上窮碧落下黃泉
的資料蒐集，只要是興趣所致皆可，如此較能增廣、增大學生閱
讀累積素材的各種不同面向。

　　(4)順序整理讀書紀錄表成冊。

表4.1.4　讀書紀錄表

智班30號　　姓名：戴啟偉

書名：開拓心靈的世界	作者：傅佩榮	出版社：業強出版社
閱讀時間：89.12.2	討論時間：89.12.16	指導老師：溫旺盛

印象最深的頁次及內容摘要：

P.32　扮演自己，就須先認識自己、接受自己、給自己機會，然後才能真正的做出自己的角色；更要欣賞自己，使自己能發揮出自身的優點。

P.90..93　人生應在工作中找樂趣，並在工作之外尋樂趣，以培養人生過程中，自得其樂的功力。

P.125～127　愛的力量可以使人在挫敗困苦中愈挫愈勇，可以改變別人壞的本質，使人發揮出好的一面。

心得：

有的時候我自己也有想過，人的一生到底在追求著什麼是金錢，是愛情，還是理想？但現在我覺得人的一生都應是在學習；學習認識自己，認識別人，學習愛，包容與寬恕自己和別人。對一個中學生而言，似乎都認為人都在升學壓力下渡過，但事實上並非如此！我覺得人的每一天都在創造，創造出不同的色彩而使每一天都過得多采多姿，而不懂得創造生活的人，每天只得過著重覆的生活，不免顯得枯燥乏味了！而如此乏味的生活，也會使人變得沉鬱，暗淡無光！然而，生活上的痛苦與否，往往取決於自己，痛苦往往是由於太堅持於自我的主見，若凡事多聽聽別人的意見，把想法圓融一點，不要只拘泥在「自己的一定對」，那麼就會減少很多的痛苦了啊！在每個人的領域中，都存在有很多的「機會」，只是看自己肯不肯給自己機會去掌握這些「機會」！而該如何去掌握咧？我想，對於過去的種種加以追悔是於事無補的，因為心中若充滿著過去的悔恨，是很難化悲憤為力量而振奮起來的，而且當然也不可以空想未來，因為那太不切實際了，所以只有把握眼前任何的時機，定目標，加緊努力，才是成功之道！

讀書記錄表

智班30號　姓名：戴啟偉

篇名	認識日常生活中有毒的化學物品

出處：http://www.epa.gov.tw/education/abc/

閱讀時間：90.2.1	討論時間：90.2.5	指揮老師：溫旺盛

印象最深的頁次及內容摘要：
(1)有毒的化學物質，易導致胎兒畸型及致癌，或者是難分解的化學物質也是如此！
(2)化學物質具累積性，常累積於人體中而造成危害！
(3)很多化學物質都會釋出有毒氣體，如：保利龍製品和尼龍纖維製品等！

心得：
在我們的日常生活中，有很多的東西都是化學物質，甚至有一些是含劇毒，萬一處理不當，它們隨時隨地都對我們的生活環境及身體健康造成極大的危害!!因此我們不得不小心！例如：我們吃的食物和喝的飲料，甚至是鉛管輸送的自來水，都含有鉛，雖然只是微量，但也不能不去注意咧！若吃進或吸入過量的鉛，可是會損害骨髓的機能，甚至會影響中樞神經系統呢！！或者是植物性的沙拉油，在高溫下會形成致癌物質，這怎麼叫我們不注意呢？因此，生活中的一些用品若能少用含毒的化學物品，就因少用，也許功效可能會差了一點，但為健康著想，就應如此做!!

5.小結

　　讀書會、剪報或讀書心得報告、讀書紀錄表，無論是書面報告或是口頭報告，都是累積作文材料基本而又重要的方式。學生透過這些經常性的寫作儲材訓練過程，其寫作能力將日起有功。

第二節　作文運材分類教學設計之二

　　筆者以「我」為學習主題，以「我的家族」、「其實我是個……的人」、「我的自傳」，建構作文運材分類教學設計之二。分類建構概念圖及教學目標為：

一、分類建構概念圖

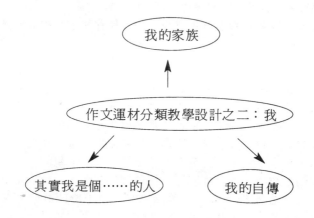

圖 4.2.1　「作文運材分類教學設計之二」分類建構概念圖

二、教學目標

　　㈠以圖片素材為寫作基點，進至靈活的文字創作。

　　㈡以「關心自己」開始，發揮同理心，關懷親人、朋友，乃至天下國家。

三、作文運材分類教學設計

(一)我的家族

1.設計理念

國一學生剛自小學進入一個嶄新的學習階段，因此可考慮其學習過程中新舊經驗的接合。訓練國一學生可使用家族照片作為作文素材，運用圖片以為寫作聯想的基點，再以「我的家族」為題寫作。

吉妮特‧佛斯（Jeannette Vos）以及高頓‧戴頓（Gordon Dryden）認為：

> 一般而言，好的學習系統有一個共通點：能夠藉由音樂、節奏、詩詞、照片、感覺、情緒和行動等方式，鼓勵你運用所有的智慧和感覺，讓你的學習更加快速。⑪

據此，本研究採用許多照片、圖片實施作文運材教學設計。

2.實施對象及人數

實施對象為國一學生，人數為四十人。

3.相對應寫作能力指標

F-3-1-1　能應用觀察的方法，並精確表達自己的見聞。

F-3-2-1　能精確的遣詞用字，恰當的表情達意。

F-3-5-7　能將蒐集的材料，加以選擇，並做適當的運用。

F-3-8-8　能透過電子網路，將作品與他人分享，並討論寫作的經驗。

4.實施步驟

(1)準備工作

事先交代同學須備妥：

甲、照片（自己、家人及寵物等的照片）。

乙、膠水。

(2)進入課程內容：

由教師講解習作內容，以及如何運用寫作素材（照片）。講解完畢之後，學生必須實際操作。

(3)與電腦課統整教學，將成果以電腦掃瞄方式處理後，每位學生的作品掛到班級網頁上，與大家分享。

5.學生作品實錄

我的家族

國一美　施以潔

第一部份　吾愛吾家

我從小就會扮鬼臉。　　　　　　我與鄰家哥哥合照。

外公抱著妹妹，我是站著的那一個。

爺爺、叔叔、奶奶。

第二部分　正文：我的家族

全家族，小孩子和大人大大小小加起來，共有二十九個。大家平時各忙各的，但一到大年初二時，可就熱鬧了！男人一桌，女人一桌，小孩一桌。以前奶奶都是自己辦桌，現在沒法度啦！

爸爸是家裡的大哥，念完高中後，就一個人北上唸大學。父親是美術系的，因為當時唸美術系的沒什麼前途，爺爺很反對，但還是拿老爸沒轍。老爸在大二時認識媽，戀愛、結婚，然後就有我和妹妹了。

再來是懿婆大姑。她是唸師院的，現在在國小教書。大姑丈也是，他為人很風趣，是全家族的「班長」，也是我們小孩子的「馬蓋先」，他的棋藝超人，總把我們的「聯軍」打得落花流水。大姑有兩個孩子，一個是表妹欣吟，一個是博合。

二姑是懿娟。二姑的婚姻生活不太好，但她不因此而倒下去。忙碌的工作和她的向學心、自信心和堅強心，使她再生了！真佩服！她不但寫得字非常工整，數學也是全班最好的！

三姑姑懿媛是個職業婦女。三姑丈去年到大陸設廠，做鞋子

的生意。表哥現在在台中唸書，還有兩個女兒。

　　懿婷姑姑排行第四。她原來是唸俄文系的人，後來又轉到歷史系。三姑丈經商，她就幫著姑丈做事。由於這工作需要新科技，所以她的電腦打得又快又好。去年暑假，她還教我打字呢！四姑有兩個調皮搗蛋的兒子。

　　懿妙姑姑自己開了一家「白雪精品店」。五姑姑有個外號叫「貓姑」，因為她的「妙」用台語唸起來很像「貓」，而她也很喜歡貓（玩具貓）。五姑丈是做汽車生意的，四姑丈開得墨綠色BMW 就是五姑丈介紹的。大概因妙姑喜歡貓吧！所以她生了一個眼睛像貓的小表妹（她也跟貓一樣凶ㄒㄧㄚˋ。）

　　最幸福的要算是小姑姑懿環了。小姑丈是中鋼的工程師，也是完美主義者。小姑丈很有趣，每次初二看到我，就問我一些奇形怪狀的問題，要考考我，我快被他笑昏了！小姑姑是個標準的賢妻良母，在有了小表弟後，便把工作辭退，在家帶孩子。小表弟很……野！你根本看不出來他才三歲而已，小姑姑抓也抓不住他，只有靠小姑丈啦！只要小姑丈一吼，他就一臉無辜地乖乖坐在椅子上，像個紳士般把手放好，看得大夥兒啼笑皆非。

　　最小的是小叔叔培泰。他去年底剛結婚，又碰巧公司升他官，現在在馬來西亞受訓，是個「春風少年兄」。小嬸雖只有高中畢業，但她的氣質好得不得了，又彈得一手好鋼琴。小叔最疼我了（指他結婚前）我的生日很少有人記得，只有他每年都沒忘，就算不方便，他也會打個電話祝我生日快樂！

　　爺爺以前為了家計，到海南島當日本人的軍伕，後來當到大佐的文官，練得一手好毛筆，每年過年，爺爺都自己寫春聯呢！他又利用餘暇，寫了一本從祖先遷臺至今的家譜，其中寫出了他

對我們後世子孫的期望。奶奶是個典型的好母親，含辛茹苦地把八個小孩養大。我們十幾個小孩中，有七、八個都是她帶過的。高祖母年紀大了，身體並不是很好，但仍關心著家裡大大小小的事情，尤其是我，我好愛好愛她哦！希望她身體能硬朗起來！

　　哇哈哈！換我們小孩子囉！最大的表哥粘春連，我們都叫他「小連」，奶奶都叫他「少年」（用台語），他打算做個飛機技術員，也是我們青年會（為我們小孩子創辦的）的會長兼財務（出錢請客的！）。掛名表哥，但他卻比我矮一個頭，瘦瘦黑黑的。記得以前他鼻子上還拖兩條鼻涕呢！現在上了高中，成熟多了，穿著小西裝，看起來還滿「帥」的！第二就是我了。我是青年會的副會長兼康樂（帶頭做壞事的。），也是施家的長孫。喔！「長孫」的壓力可大呢！一下子有人說為什麼我不是男的，一下子又要我考北一女，給下面的孩子做榜樣，一下子又……會「起肖」。接著是兩個表妹，欣吟和秀如。欣吟在台中唸音樂班，英、數、生物不是頂好的，每次我回奶奶家，就向我討救兵。秀如倒不錯，不過不太認真，但向學心很強，我都覺得有點兒慚愧了。最後是我妹和三姑的小女兒秀怡，及外號「小夢露」的「貓女」彥玲。

　　青年會的分會稱為青年黨，由表哥帶領，大表弟博合為副組長。「青年黨黨綱第一條：青年黨黨員限為二十歲以下之男性青年參加，有『性別歧視』，女性勿試！」現在「黨員」有懿婷四姑的兩個兒子，哥哥持中（簡稱「大中」），弟弟敬中（簡稱「小中」，外號「巧克力」），還有小姑姑的兒子「ㄅㄨ ㄅㄥ」。

　　哈哈！聽完了我的介紹，有無「驚到」？反正，我們全家族都互相幫助，沒什麼「妯娌不合」、「婆媳戰爭」之類的，大夥

兒最愛初二了。初二到了，全家人都聚在一塊，好棒！我永遠愛他們。

(二)其實我是個……的人

1.設計理念

「其實我是個……的人」相當於「我的自傳」。刪節號的部分，由學生自由發揮。

國中二年級學生的自傳書寫，可以使用「其實我是個……的人」，更高年級可將題目調整為「畫我說我感覺我」，教師可藉由這一類的文章，了解學生心中的想法。

2.實施對象及人數

實施對象為國二學生，人數為四十人。

3.相對應寫作能力指標

F-3-2-1　能精確的遣詞用字，恰當的表情達意。

F-3-5-7　能將蒐集的材料，加以選擇，並做適當的運用。

F-3-5-10　能依據寫作步驟，精確的表達自己的思想，並提出佐證或辯駁。

4.實施步驟

這個習作，可分成兩個步驟進行。第一個步驟是「自畫像」。學生須畫出一個代表自己的圖形，圖像可以是具體或抽象。只是，學生必須在「正文」之中，說明「自畫像」。第二步驟是「正文」，正文的內容用來介紹自己。

5.學生作品實錄

作品實錄之一：其實我是個善變的人

其實我是個善變的人　　　　　　　　　　國二真　張志傑

第一部份　自畫像

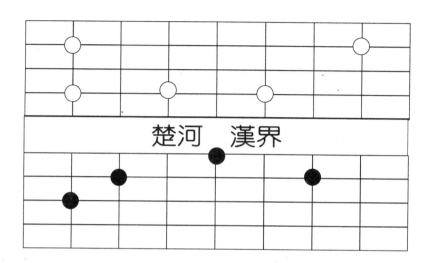

第二部分　正文

　　我們的社會就是棋盤，別方的棋子就是敵人，我方的
棋子就是朋友，而我只是一個不知名的小卒子。

　　社會處處充滿了危機，有如棋盤一樣。各種棋子各司
自己的職位，個個都有其重要性，雖然我——卒子，只能
進不能退，但是我不畏縮；在做任何抉擇之前，我保持著
冷靜，深怕錯一步、全盤輸；雖然我只是個不起眼的人
物，但是我往往保持著冷靜的心……。

　　社會又有著一種特性——合作，使它更像棋盤了。面
對挫折，我方的棋子常常合力去克服它；在「合作」的前
提之下，小兵也能立大功，往往發揮比實際更大的功用。
就好像卒子過河後，能左右移動，偷襲各種敵人，當然是
在友伴的幫忙之下。

我，就像隻「笑面虎」，平時一步一步、慢條斯理的行動，但是在某些情況下卻可能隨時偷襲你；這並不是自己的意願，是在這張「棋盤」上的危機所逼，你不對人，人也會向你。

　　總之，人生就是個棋盤，不僅要防，也要攻，在這個弱肉強食的世界上，只憑著仁民愛物的心是不夠的，不僅要冷靜，更重要的是提防我這類不起眼，卻具有破壞力的人。

作品實錄之二：畫我說我感覺我

畫我說我感覺我　　　　　　　　　　　國三愛　林鈺淵

第一部份　自畫像

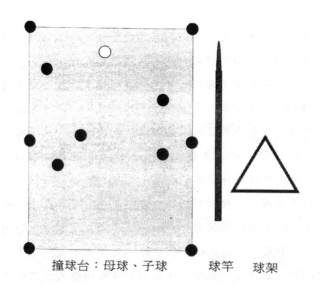

撞球台：母球、子球　　　球竿　　球架

第二部分　正文

　　我覺得自己像撞球台上的一顆白母球，而子球就是身邊的旁人，是知己或許是敵人，球台也就是四週環境，而球桿正好成為控制我一切行為的心靈。

　　在發球以前是一個純潔的小孩，不知是非善惡，當跨越發球線也就是家門，就開始了一切，再把球撞開之時認識了許多人，但在要獲得某些利益之時，就是要把一些人推進洞裡，才能完成大業。

　　然而會常常不經自主的亂搞把四週的事物弄得一團糟，也常被別的球一撞就東倒西歪，或者沒有正確的觀念而連球都沒撞到，反而洗洞，也就是害了自己。

　　也有一種最不好的情形就是損人又不利己，弄得兩敗俱傷，使自己身敗名裂。

　　總之，待人接物把自己和別人都弄得兩全其美，是相當不容易的，並非舉手可得之事，要事前多加計畫，不要把這件事先做了，而不顧下一步，這樣常會把自己搞的身敗名裂。

㈢我的自傳

1.設計理念

　　低年級藉由照片所提供的寫作實材，循序漸進地鍛鍊遣詞造句的基本功夫以及文章表達能力。至高年級時，則可運用「圖表」構築寫作時清晰的文章素材鷹架。

　　教師可藉由範文教學訓練學生構築文章素材鷹架的能力，就這點而言，文章結構分析是很好的方式。一篇文章的主要內容，可自文章結構分析表而一目了然。唯文章結構與大綱結構是不同的，低年級的學生寫作時，可使用大綱結構。由於教師於平日之

範文教學中，已讓學生熟悉文章結構，這有助於學生寫作文時，架構清晰的大綱結構。

　　「我的自傳」作文運材教學活動設計，嘗試由圖表建構進至完整的文章創作。九年一貫課程希望建立課程縱向的連接，高中學習階段雖不屬於九年一貫學習階段，但基於課程縱向的銜接性，筆者嘗試設計銜接國中與高中階段的作文運材教學設計。

　　2.實施對象及人數

　　施行對象為高三學生，四十人。

　　3.教學目標

　　認知方面，能熟知自傳的寫法、措詞得宜；情意方面，能適切地表達心中理念；技能方面，能具備構築文章素材鷹架的能力。

　　4.實施步驟

　　⑴教師平日進行範文教學時，即講解文章結構分析表，讓學生熟悉文章架構，如此一來，學生實際寫作時較為容易運用文章結構的基礎，認識自然而然地切入大綱結構。

　　⑵高二升高三時先以「我的家庭」為題，練習構築文章素材鷹架，如圖4.2.6。（見188，189頁）

(3)製作封面，將以上之內容作成一本書，封面製作成品如圖
4.2.5：

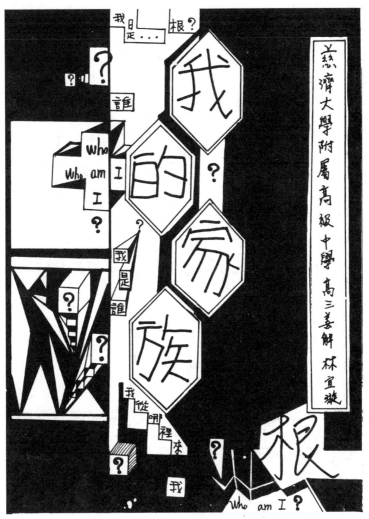

圖4.2.5　林宜璇家族結構封面圖

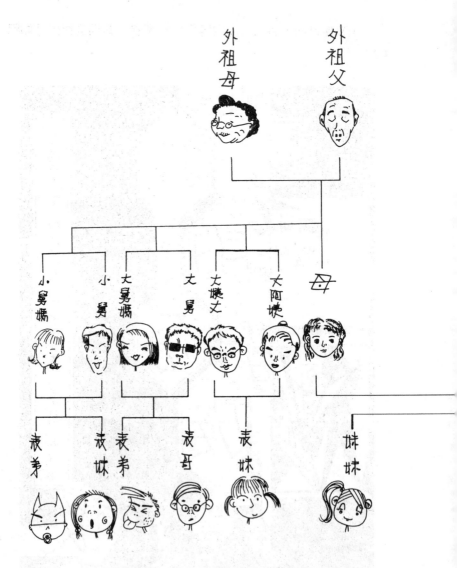

圖 4.2.6　林宜璇家族結構表

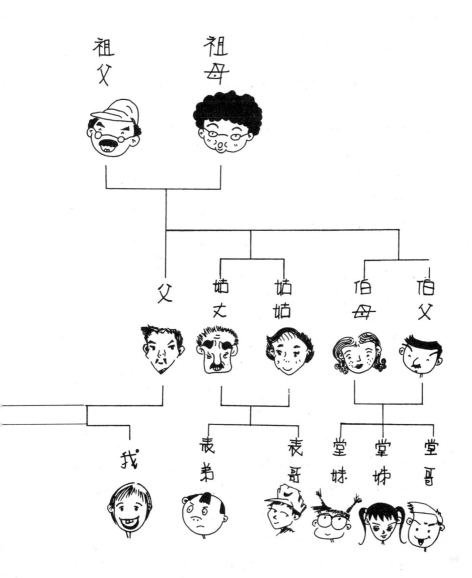

⑷可將全班每位同學的作品裝訂成一本書，擺放在班級圖書館中⑫。

⑸由家族結構表建構寫作素材，循序漸進至高三推甄時期，則可練習申請進入大學研讀所需之長篇自傳書寫。自傳內容應包含家人與家庭、學校生活、興趣與專長、生活態度等。高三階段之創作成品如學生作品實錄所附。

5.學生作品實錄：

我的自傳
高三節　張哲倫

⑴家人與家庭：

我生於一個家境不算富裕，卻不愁吃穿的小家庭，父親為一家香料公司的副總經理，母親原為鋼琴教師，生下我後便為全職的家庭主婦，姐姐目前就讀台大法律系四年級，奶奶是日本人，一直與我們同住新莊。

從小我的身體狀況便不是很好，因此父母親對我的照顧可說是無微不至。在眾人關愛之下成長的我，卻沒有養成驕縱的個性，這得力於父母親成功的身教。父親談生意，秉持著絕對誠信的原則，這也是他在商場成功的原因之一。因著這樣一個榜樣，「為人誠實公正」，就成了我的座右銘。母親啟發我對音樂方面的感受力與興趣，姐姐則是我尊崇的對象。姐姐從小在各方面的表現一向傑出非凡，做什麼事都很成功，不但功課表現好，各項競賽成果也是不勝枚舉，辦起活動來更是有聲有色，從小我一直想追趕上她，但是她永遠在我的前面。

這樣幸福的家庭在我升高中時破滅。父母反目離異，讓一直依賴他們照顧的我一時無法接受事實，心情久久不能釋懷，直到高二才漸漸好轉。

⑵學校生活：

　　小學六年當中，最充實又最有意義的是小學五、六年級。小學五、六年級的導師陳春滿，她的教學十分豐富活潑，除了小學的課本教材，演話劇、即席演講、奧瑞崗辯論等，都是她教授及訓練我們的課程內容，那時我第一次感受到學習的愉悅。畢業前，我還用電腦編了一本班刊作為全班的紀念。至今，我仍會和同學去找那位亦師亦友的陳老師敘舊，聽她說道理。她是我重要的精神導師。

　　國中進入私立學校就讀，並進入重點班，在老師的嚴格管教之下，個性活潑浮躁的我變得內斂。到了國三，我選擇直升高中部，放棄聯考。上了高中，由於家庭發生變故，讓我心情變得消沉，母親因我個性變化產生誤會，數度輕生，讓我承受莫大的心理壓力與折磨，再加上在學校遭受到的挫折，讓我一天比一天鬱悶，同學不明其故，更是為我取了個外號：「黯淡男」。即使心情再糟，在同學面前，我還是會掛著一絲微笑，因此，朋友並未棄我而去。

　　高一下，因氣胸險些喪命而住院。而在住院期間，我靜靜地思索自己該過怎樣的生活，並該用什麼態度去面對。高二選擇社會組，進入一個十分團結和樂的一個班級，整個班級的感覺像是一家人一樣，沉浸在這樣的氣氛下，加上住院期間思索的結果，我漸漸恢復。除了變得開朗，人格上的轉變與人生觀的建立，將在第五項「生活態度」中敘述。

⑶興趣與專長：

　　說到興趣，我的興趣十分的廣泛，看小說、電影、以及聽音樂。小說方面，我比較喜歡的是歷史小說，尤其是日本的戰國

史。或許是受到奶奶的影響，除了大量觀賞各類電影之外，我也喜歡看日劇，我喜歡日本文化，但並非哈日。音樂方面，我在上高中時，試著聽古典音樂來平靜心情，聽著聽著，也聽出興趣，聽出心得來。而除古典樂外，亦喜歡電影配樂。對於外文，我也是十分有興趣，從國中開始參加的社團有日文社、英文演講社和法文社等。而在我英文演講處女賽中，因緊張忘詞十秒，以0.6分飲恨無法進入複賽，但值得高興的是，當時我的講稿得到評審老師們的高度讚許及評價。

專長方面，小學時代開始接觸電腦，國中開始使用網路，直到高一考進學校的電腦研習班，才開始真正有系統地學習電腦。一、二年級皆為電腦研習班之一份子，在其中，學習了更深入的文書編輯技巧和電腦概論、Excel 及 Photo Impact 等影像編輯和基礎的 QB 與 VB 概念，高二下時參加職訓局的丙級技術士檢定，考取了學科合格的證書。

在熱愛古典音樂的心情下，高一下開始演奏小提琴，後來更用自己的零用錢學習鋼琴，但經濟無法負荷，只好專心學習小提琴，並在高二暑假考取英國皇家音樂學院的二級檢定。

(4)生活態度：

高二時，我確立了自己人格的發展方向，及建立了應對生活的態度。現在的我，變得獨立自主，不再像從前一樣依賴父母。生活態度上，不再為小事鑽牛角尖，心境變得豁達豪爽，不知不覺中，再也沒有同學叫我「黯淡男」。挫折，更是讓自己具有再接再厲的動力。我要求自己一天比一天進步，處處留心觀察身邊可以學習到東西的人、事、物，一方面鍛鍊對周邊環境的感受力，另一方面更同步訓練自己的理性思考。

(5)選讀本系的原因：

　　從高一參加電腦研習班開始，便常聽電腦老師們分析各大學資訊類科系的設備、師資的優劣，他們說有些國立大學的經費雖多，但卻是沒有系統的濫用。但一提到淡江大學，老師們便都豎起了大姆指。真正決定要唸淡江大學資管系是在高二時，當時在許多校友學長的帶領之下，全班一起參觀了淡江的校園，爾後淡江大學通識中心馬主任來我們學校演講，更讓我下定決心。後來在輔導室及網路上找到許多關於淡大的各項資料及許多的首創紀錄，更加深了我的信念。為了買簡章，獨自一人來到淡大校園，遇到一位暑假在清大資工營認識的朋友，她帶我再更詳細參觀了一次校園，還告訴我許多淡大的故事和傳說，像是壽星會被丟到福園的池子裡，還有宮燈姐姐的傳說等……。原本之前她還在選擇就讀淡江或是重考而猶豫，後來選擇唸淡江，她告訴我她很慶幸做出了正確的選擇，並鼓勵我進入淡江大學。直到現在，進入淡江資管依然是我努力實踐中的夢想。

(6)未來的計畫：

　　世界上有很多偉人都有偉大的抱負，我就在這承認吧，我並沒有統一中國、世界大同、或是調停中東和平等等的偉大志向，我只是想做我喜歡的事情，幫我身邊的人一些忙，盡到我在社會中一份子的微薄力量，如此而已。基於最低限度和對自己的期許，我希望成為一個有能力做到上述幾點的人，所以我必須要有鍛鍊自己和服務大眾的機會。目前我的理想就是考取我一直嚮往的學校，在浪漫的學風中貫徹我的快樂學習主義，鑽研電腦資訊是我自己非常有興趣的學科，希望以後能深造到更高的領域。也許目光短淺了些，但是理想總是得循序漸進，或許往後會有更多

的機會。

四、小結

學生作品實錄「我的家族」、「其實我是個善變的人」、「畫我說我感覺我」、「我的自傳」,這些孩子的創作成品,相當精采。

「我的家族」以家族成員的照片為寫作素材,建構寫作內容。「其實我是個善變的人」和「畫我說我感覺我」,以圖片材料為寫作基點,詮釋自己。「我的自傳」在文章架構上,綱舉目張地分點敘述,作品看來四平八穩且有條不紊。

上述作品在寫作材料的使用上,確實呈現靈活生動的效果。

第三節　作文運材分類教學設計之三

筆者以「非傳統作文教學」作為作文運材分類教學設計之三。內容包括「看圖作文」、「聽說有人吃下一部車」、「我愛大自然標語活動設計」,其分類建構概念圖及教學目標為:

一、分類建構概念圖：

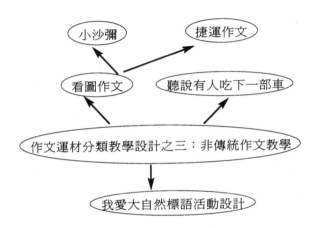

圖4.3.1　「作文運材分類教學設計之三」分類建構概念圖

二、教學目標

㈠培養學生豐富的想像力與創造力。

㈡教學內容與生活結合，學生能活用所學。

三、作文運材分類教學設計

關於「非傳統作文」，陳滿銘認為作文命題的方式，為了讓它靈活而有變化，使學生能從多方面去練習寫作，以有效地提高學生寫作的興趣與能力，就非適度地走出傳統不可，因此必須提倡「非傳統作文」。陳滿銘並提出七種已被大眾肯定的非傳統作文命題方式：擴充、濃縮、仿寫、改寫、組合、閱讀、設定情境。⑬

仇小屛〈非傳統作文命題探析〉研究報告綜合歸納各家說法

⑭，將「非傳統作文」分成十四種：改正式、組合式、鎖定單項能力式、賞析式、改寫式、仿寫式、續寫式、擴寫式、縮寫式、讀後感式、設定情境式、引導式、圖表式、分體式。

筆者以「非傳統作文之教學」構築作文運材分類教學設計之三，內容以第二章第二節作文教學意見調查結果，老師所使用過的非傳統作文教學指導方式排行為依據，包含看圖作文、擴充與設定情境。其中，擴充與設定情境的定義係依照陳滿銘的定義，看圖作文則參考仇小屏的研究。另外結合「登山健行」設計出「我愛大自然標語活動」，以為非傳統作文教學之內容。

經作文教學意見調查獲知，老師使用過的與作文運材教學關係最密切的非傳統作文教學指導方式，排行第一是「閱讀心得」。其教學活動設計，已於「生活作文」的「讀書會」項目中有所規劃，相關活動開闢於本論文之第五章中，在此不多冗述。「設定情境」基於運材教學的重要性考量，於第五章首節作專門探討。

㈠看圖作文

1.設計理念

仇小屏〈非傳統作文命題探析〉研究報告提出一種「圖表式」命題法，她說：

> 這種方式是在題目中提供一幅圖畫或一個表格，讓學生據
> 此來寫作；學生首先要仔細觀察圖表，然後展開合理的想
> 像、聯想或揣測，最後再清晰、完整、豐富地把自己的感

受表達出來。⑮

仇小屏並引用黃煜峰、雷靂《國中心理學》一書所提及之高潤華的見解，說明「圖表式」命題法係針對「觀察和觀察力」而設計的。高潤華說：

> 進行寫作教學時，不能只注意表達能力的提高，而忽視認識能力的培養。如果對生活不去觀察，沒有感受，就談不上表達；或觀察後不會分析，認識不清實質，也不可能表達深刻。⑯

對生活的觀察與認識分析，實是作文運材教學「實材」的重要內容，筆者據此設計「看圖作文」之教學活動。

林繼生以為「看圖作文」必須把握的兩項原則是：

> 1.要審查圖外指涉的意涵，才能充分發揮；要詳閱說明，了解內容重點，才能做完美表現。2.想像都必須合理，切合題目，注意結構、轉折。⑰

這兩項原則確實是「看圖作文」所應該把握的重點。對教師而言，實施作文運材教學設計時，必須留心圖表安排的意義性，圖表指涉內容的豐富性。對學生而言，則需注意審查與想像，並且能合理地做出完美的發揮。

2.實施對象及人數

實施對象為高中一年級學生，人數大約四百人。

3.教學目標

認知方面，培養學生哲理思考。情意方面，訓練學生審美能力。技能方面，養成學生寫作能力。

4.實施步驟

(1)這項活動設計深具開放討論性質，因此教師可運用寒假進行此項教學活動。作文講義內容設計可如圖4.3.2及圖4.3.3：

圖4.3.2　非傳統作文教學「看圖作文」講義之一

看圖寫短文

說明：

1. 仔細觀察下圖，主體是一句話和一個小沙彌。

2. 圖中文字為「說是一物即不中。」這原是一句佛門偈語：「說似一物即不中。」書畫家在「是」處筆誤。文字的參考意義為「能把一個物品解說的十分清楚就不是那個物品了。」

3. 請根據此圖的主體（文字意義或沙彌神情、姿態）作聯想，自訂題目完成一篇二百字左右的短文。

圖4.3.3　非傳統作文教學「看圖作文」講義之二

　　※捷運作文

說明：

　　1.有一個從加拿大來的遊學團，成員有五人，他們打算在台北搭捷運，作兩日一夜遊，你必須負責接待，帶領遊學團的成員認識台北，請問你要如何安排設計這次的旅遊？

　　2.題目可自訂，字數三百字以內。內容可分為兩個部分，第一部份作行程說明（集合時間、地點、活動安排），可運用表格或自行決定說明方式。第二部份請作文字敘述。

　　3.以下是一張台北捷運路線圖：

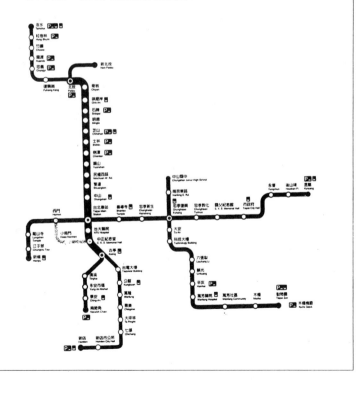

(2)與高一國文老師達成共識，指導高一學生自由上學校網站討論版，第一個作業由大家開放言論探討「說似一物即不中。」這句話的意義，以及對小沙彌的看法。第二個作業則討論「捷運旅遊路線的行程安排」，重點在於必須把握台北的特色，以讓外賓留下深刻的印象。

(3)學生繳交書面報告，或將書面報告藉由網路，寄到國文老師們的學校電子郵件信箱。

5.學生作品實錄

看圖寫短文：原來 　　　　　　　　　　高一真　倪銀霞

　　天知道原來是一種十分現實的東西，外表的虛像不是真實的，即使是擁有著美麗的外表，內心不夠真實也是種枉費，一個東西若是只看外表，那就不具任何意義，如果一個人可以把一個物品說的十分具體，那更不是它原來的形象，具體不代表原來，它代表著實際，但什麼東西如果都以實際來評斷，就不具有原來的特色，人不需要以具體將所有東西都述說的那麼清楚，只需要以最真的態度來面對原來的事實，那才是最為重要的，不是嗎？如果每個人都接受事情原來的真面目，何須了解如此多的假像或是不真實的一面？認真面對自己真正想要的，才是原來人性最真實的一面。

捷運作文之一：台北二日歡樂遊

台北二日歡樂遊 　　　　　　　　　　高一真　邱怡穎

第一部份　行程計劃表

假設：加拿大遊學團旅館在希爾頓飯店

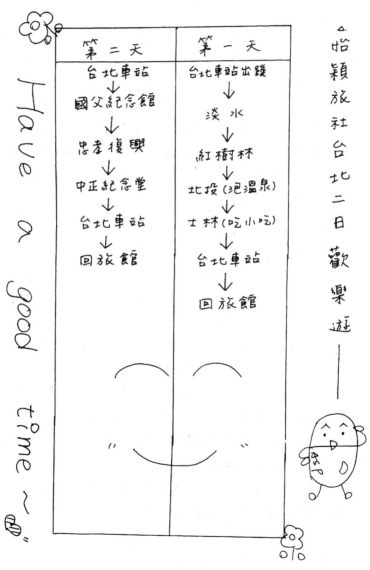

表4.3.1　邱怡穎的行程計劃表

第二部分　行程介紹與說明

　　來到繁華的台北，雖然交通堵塞嚴重，不過此次遊學團將利用捷運為交通工具，避開車水馬龍，讓各位旅客可以多些時間參觀台灣不夜之城——台北！以下為旅程詳細介紹：

　　第一天早上八點從台北車站出發，到淡水看歷史悠久名勝古蹟——紅毛城，沿途品嘗淡水名產，例如：魚丸、鐵蛋、魚酥。中午午餐完畢後，再到紅樹林欣賞特殊的自然生態；走了一天的路也累了，到有名的北投溫泉泡泡澡，休息一下吧！餓了到士林夜市，嚐嚐台灣著名的小吃吧，順便逛逛有啥便宜又大碗的東西，帶回美國做紀念吧！吃飽也玩夠了，準備回飯店了！

　　第二天九點在台北車站出發（因前一天太累了，所以今天較晚起床），第一天來到了赫赫有名的國父紀念館，欣賞台灣不同的建築，了解台灣的歷史可在廣場放放風箏、吹泡泡，回味童年生活；第二站來到忠孝復興站，也該吃午飯了（還可逛逛街呢！）飯後記得去一家「粉圓大王」吃粉圓豆花呦！這家的粉圓又大又Q，像青蛙蛋一樣大，嚐看看吧！填飽肚子了，來到中正紀念堂。來到台灣，一定要來中正紀念堂看看。這裡的建築，顏色採用都非常獨樹一格，很特別。尤其建築感令人感到凜然嚴肅喔！一天的旅途結束，帶著愉悅的心返回飯店！（晚上也可到台北車站逛逛街、大採購一番囉！）

　　希望各位旅客能對於這次的旅程安排滿意，若有任何意見，歡迎指教，謝謝！Have a good day！

　　捷運作文之二：台北二日遊

台北二日遊　　　　　　　　　　　　　　高一真　倪婉臻

第一部份　行程計劃表

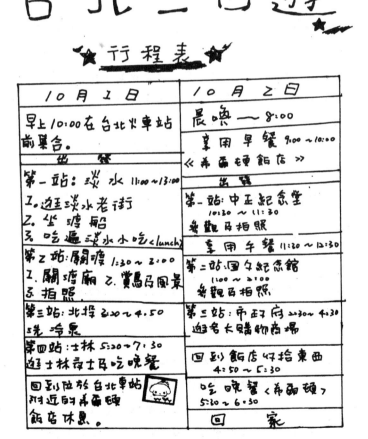

10月1日	10月2日
早上10:00在台北火車站前集合。	晨喚──8:00
	享用早餐 9:00～10:00
	《希爾頓飯店》
出發	出發
第一站：淡水 11:00～13:00	第一站：中正紀念堂
1. 逛淡水老街	10:30～11:30
2. 坐渡船	參觀及拍照
3. 吃遍淡水小吃（lunch）	享用午餐 11:30～12:30
第2站：關渡 1:30～3:00	第二站：國父紀念館
1. 關渡廟 2. 賞鳥及風景	1:00～2:00
3. 拍照	參觀及拍照
第三站：北投 3:20～4:50	第三站：市政府 2:30～4:30
3. 洗溫泉	逛名大購物商場
第四站：士林 5:30～7:30	回到飯店好拾東西
逛士林夜市及吃晚餐	4:50～5:30
回到位於台北車站附近的希爾頓飯店休息。	吃晚餐〈希爾頓〉 5:30～6:30
	回家

表4.3.2　倪婉臻的行程計劃表

第二部分　行程介紹與說明

今天是我第一次當導遊，心情十分緊張。所以一大早就起床了，看著衣櫃真不知要穿什麼才好，最後我選了上衣搭配裙子，我想這樣或許看起來較有禮貌吧！

到了約定的地點，發現來參加的旅客好像都很和善，這時我才鬆了一口氣。等人到齊後，我們就出發，按照之前規劃的行程表我們到達了第一站淡水。今天的淡水人不多，但還好小販滿多，我一一的介紹淡水的名產也帶他們吃遍了淡水有名的小吃。吃完逛完之後我們去搭渡船，今天天氣還真不錯，但那淡水河的水好像臭了點。接著我們到了第二站關渡。在那邊賞鳥的賞鳥、照相的照相、拜拜的拜拜。真的很喜歡這種自由的感覺，已經去了兩地方有點累了，第三站去北投泡冷泉，讓大家奔波一天的疲憊身軀，舒服舒服。遊客們好像也很喜歡這個安排。晚餐時間終於到了，我們一行人到了著名的士林夜市吃小吃，夜市應該也算是台北的一個大地標吧！一天的行程終於在熱鬧吵雜聲中結束了，之後大家回到飯店便累的各自休息了。

第二天一大早，被服務生的MORNING CALL叫醒了，雖然大家昨天都玩的很累，但依然是很有精神的迎接今天的旅程。在飯店吃完早餐之後，又開始了一天的旅程。首先我們去參觀了國父紀念館，然後又去中正紀念堂。這兩個地方，我想是來台北必定要去的兩個地方吧！大家都在這兩個地方拍了很多的照片。然後我們又去了幾個有名的購物商場，因為來到台北總不能兩手空空的回去吧，所以就帶大家去好好的購物一番啦！看著大家買了那麼多的東西，害得我也想買。最後就是大家提著大包小包的回飯店，準備收拾行李。

兩天的旅程就這樣結束了，希望在旅客的心中，這會是一場豐盛的台北之旅。

二聽說有人吃下一部車

1.設計理念

　　經常閱讀報紙雜誌，可累積豐厚的寫作素材。教師則可主動自每日的報紙新聞中，挑選出特殊報導建構作文運材教學。如此之性質，係屬「剪報教學逆向操作」。一般而言，教師進行剪報素材積累，通常做法是要求學生完成「剪報作業」，即由學生閱報之後，自行挑選喜愛之文章書寫心得感想。此項教學活動設計則是「逆向操作」，由教師挑選素材讓學生閱讀。

2.實施對象及人數

　　實施對象為國二學生，人數是五十人。

3.相對應能力指標

F-3-1-1　　能應用觀察的方法，並精確表達自己的見聞。

F-3-3-9　　能根據實際需要，主動嘗試寫作不同類型的文章。

F-3-4-6　　能靈活運用文字，透過寫作，介紹其他國家的風土民情。

F-3-5-10　　能依據寫作步驟，精確的表達自己的思想，並提出佐證或辯駁。

4.實施步驟

　　⑴教師挑選具備作文「續寫」性質的新聞寫作素材，進行講義編製如下：

單元名稱：非傳統作文──續寫式作文練習

說明：

一、相關報導指出，在印度地區有一個人吃了一輛車。

二、請運用你的想像力，猜想此人是如何吃下一輛車子
　　的？另外可說明吃車的原因、動機、過程。

三、作文題目：「聽說有人吃了一輛車」。

四、字數：五百字左右。

---

(2)學生作短劇表演，演出內容由學生自行安排，原則上須與
「聽說有人吃了一輛車」相關。

(3)教師引導全班同學上台發表意見。

根據筆者實驗教學的體驗，實際討論內容如下例：

瑜芳：「說真的，我不相信，一部車耶！如果真有此人，我
一定拜他為師，請他教我如何吃下一部車，我會親眼看他是如何
吃下那一部車的。」

琬琳：「吃下的那部車，可能是糖果吧！像路邊不是有人會
賣雞蛋糕嗎？有很多圖案的那一種，我看過的有車子、小鳥、
馬、烏龜。」

慧珊：「現代人有那麼多東西好吃，他為什麼要去吃車呢？
不過，或許我們可以猜測他是如何吃的吧，他應該是先把一部車
解體後，再開始分類，然後再吃。」

郁婷：「他怎麼咬得動鐵？他的胃如何吸收啊？醫生和科學
家一定很想研究吃下一部車的人。」

莉涵：「既然是『聽說』，表示不能完全相信，但事實如
何，我不了解，但我確定，真相察明之前，我是不會相信的。不

過那個吃下一部車的人，怎會餓到只能吃這個了。不知那個人是男是女，我想男的機率比較大，至於他的身體怎能負荷車子的引擎、輪胎、玻璃、鏡子，我就不了了之了。但我奉勸大家，沒事不要吃車子，車子餅乾我還可以接受，但最好不要吃車子，公車、機車、腳踏車、BMW 都對身體不好喔！」

采瀅：「這真是一件不可能的任務。但因為是『任務』，才要讓『不可能』變成『可能』，這就是所謂的挑戰吧！」

婷文：「我覺得『宰相肚裡能撐船』，這代表人的心胸寬大，那我就在想吃車子的這個人，心胸一定非常寬大了。因為他『肚裡能裝車』，不知他是用紅燒、油炸，或是沾哇沙米生吃。」

(4)學生提交書面報告。

5.學生作品實錄

作品實錄之一：聽說有人吃下一部車

聽說有人吃下一部車　　　　　國二聖　卓思瑩

當我聽到這句話時，心中只有一個想法──開玩笑的。

後來知道是真實的事件時，我覺得──荒謬。如果你說有人吃下一些毒蟲怪草的話，我也許會相信，但吃車子……，我很懷疑，那個人不會消化不良嗎？還是他是用鐵打的？雖然我知道世界上有許多無奇不有的怪人，但在現實的生活中，還是很難令人相信，如果是要創下金氏世界記錄也不用這樣「殘」害身體吧！

不過在仔細的思考過後，我覺得還蠻不錯的，既然他能消化掉整部車子，那其它的無生命體一定也難不倒他，不如問他是否有祕訣，要他傳授給每個人，說不定以後的人類不需要吃任何食物，餓的話把書本啃了都不成問題了呢！這或許是人類史上的重大發現，只要我們學會了這項技能，以後地球資源使用殆盡，土

地長不出半根草，河川也已乾枯，但我們人類仍依然悠閒的生活著，不要不相信，不過我想這可能是很久、很久、很久、很久、很久、很久以後的事了……。

作品實錄之二：聽說有人吃下一部車

聽說有人吃下一部車　　　　　　　　　國二聖　楊世奕

「聽說有人吃下一部車。」當我聽到這句話時，心中除了覺得難以置信之外，還有著一絲疑惑，總覺得不太可能有人把車子吃了。因為心中的疑惑使我腦中萌生了一些特別的想像，千奇百怪、各式各樣天馬行空的想像。

其實聽到這句話時，我的第一個反應是「呆掉」。整個人呆了一下，接著才開始思索這句話。我有幾個想法：我想可能「車」並非指真正在馬路上奔馳的車，也可能「人」並非指有血、有淚、有感情，像你、我一樣活生生的人，譬如像機器人之類的，抑或是這「一部車」只是用來比喻、形容、衡量一個數量的詞。我想我的前兩個想法，倒還是滿容易懂的，但我的最後一個想法，可能就有點抽象了，我來解釋一下好了。

我所說的「一部車」是用來比喻、形容、衡量一個數量的詞的意思是指，可能有一個人他所用掉的錢或東西，價值相當於「一部車」，或可能這個人他所吃掉的食物，價值相當「一部車」，我想這樣我們也能說他「吃下一部車」吧！

世界上的事情是無奇不有，我不敢說一定不會有人真的吃下一部在馬路上奔馳的車，或許這是千真萬確的事，又或者這是子虛烏有的事，我想或許在未來的某一天，我真的可以親眼目睹人類吃車子吧！？到時候可能連鋼筋水泥都拿來當餅乾啃了呢！

作品實錄之三：聽說有人吃下一部車

聽說有人吃下一部車

國二聖　賴瀅如

　　如果有人吃下一部車，那他鐵定是個機器人。沒錯，他就是一個機器人，但他跟平常的機器人不同，不同的是他需要吃，他有感覺，他甚至想要跟我們一樣做一個正常人，所以他努力的學習人類的一切。

　　可是，就算他學得再像，做得再好，有一點是他永遠學不好、做不來，甚至無法改變的事實，那就是——吃。對，他也是需要吃的，只是他所吃的東西是完全跟我們不同的。

　　人，是需要吃含有六大營養素的食物；而他永遠都只能吃人類所不能吃的東西，例：車子、機油……等等，相反地，人類所能吃的東西，卻是他不能吃的。

　　因為這樣，他很傷心、失望，但到此他才明白，他自己永遠都不可能變成人類，但在他失望之時，他突然想到他一位朋友對他說的一句話：「自己永遠是最好的。」當他想到這句話時，他突然大笑，他覺得自己很傻，為什麼要一直去做一件永遠都不可能的事實，只因為夢想嗎?不，這只是一件愚蠢的事!（他想著）

　　我自己也有我自己的優點、長處，也是人類學不來的，我雖然吃不了人類的東西，他們也未必吃得下一部車呀!所以我為何要一直去追尋那不可能成功的夢呢?保持現狀就很好了呀!何必一直強迫自己呢!反正，世界上也只有唯一的一個我，一個特別的我，我相信如果是換作別人來學我，一定也學不來的!

　　自從他想開了之後，他活的比平常更快樂，更有自信了，因為他無時無刻都堅信「自己永遠是最好的」。

作品實錄之四：聽說有人吃下一部車

聽說有人吃下一部車 　　　　　國二聖　張馨之

「聽說有人吃下一部車」，大多數人的第一個反應就是「怎麼可能？」所以我想先從他的動機去想：

1.他有練過——他是不是練過金銅罩、鐵布衫，或者是白蓮教的白蓮護體，要不然他一定就是「十八銅人」的一員。

2.他太餓了——他餓到把整台車都吃下去了，可能嗎？？？車子的某部份應該都有毒吧！吃了以後，不就死了？

3.他在變魔術——算了，是我想太多。

以上是我對「聽說有人吃下一部車」的想法。

㈢我愛大自然標語活動設計

1.設計理念

讓學生在「登山健行活動」中建構「我愛大自然標語製作」。

2.實施對象及人數

實施對象為登山健行活動的所有班級。

3.相對應寫作能力指標

F-3-4-5　能集體合作，設計宣傳海報或宣傳文案，傳遞對環境及人群的人文關懷。

F-3-4-4　能配合各項學習活動，撰寫演說稿、辯論稿，並培養寫日記的習慣。

4.實施步驟

⑴結合校方活動

校方安排登山健行活動。

(2)海報標語比賽

舉辦海報標語比賽，內容方式為學生想些與登山環保相關的話語，繪製成海報。

(3)張貼海報

將所有參加比賽的「我愛大自然標語」海報張貼在公佈欄。

(4)個人比賽

設計表格讓每位同學寫些與我愛大自然相關的話語（一句話或一段話），表格內容如學生作品實錄所附。

(5)將獲獎之作品張貼在登山健行活動必經的路途一個星期，活動結束後收回，以維護環境清潔。

5.學生作品實錄

標語1　多做一件環保， 　　　　少一件困擾！ 標語2　想要好山好水， 　　　　就要清掃環境！ 班級：　二聖　座號：46 姓名：張鍾姚	標語1　只要我們愛護並珍惜， 　　　　地球的生命力將因此而 　　　　生生不息。 標語2　要有一個清淨的家，必 　　　　須要靠我們努力落實做 　　　　環保。 班級：　二聖　座號：23 姓名：洪佳安
標語1　隨手做環保 　　　　留給後代美好的環境 標語2　地球是需要大家共同維 　　　　護 班級：　二聖　座號：20 姓名：游翔婷	標語1　請大家好好的愛護地球 　　　　吧！ 標語2　做個環保的有心人 班級：　二聖　座號：14 姓名：鄭宇彤

標語1　人類屬於地球 　　　地球不屬於人類 標語2　除了照片和記憶 　　　什麼都別留下 班級：二聖　座號：19 姓名：林雨秋	標語1　人人做環保 　　　生活沒煩惱 標語2　愛護地球 　　　是每一個人的責任 班級：二聖　座號：5 姓名：樓憶萱
標語1　無時無刻做好 　　　環保工作！！ 標語2　不要因為一時的享受 　　　而忽略了環保，這件事 　　　…… 班級：二聖　座號：49 姓名：曹佩雯	標語1　人人做環保，地球會更 　　　好 標語2　我們只有一個地球 班級：二聖　座號：13 姓名：廖欣怡

圖4.3.4　我愛大自然標語作品

四、小結

　　「看圖作文」、「捷運作文」、「聽說有人吃下一部車」三種作文運材分類活動設計，可自學生作品呈現的方式，看出學生運材角度豐富的多樣性。活動設計的本身，自然而然地引導學生自各個不同的面向思考寫作材料。

註　釋

①參見李慕如：《兒童文學綜論》（高雄：復文圖書出版社，1998年9月），頁435-436。

②李慕如：《兒童文學綜論》（高雄：復文圖書出版社，1998年9月），頁436。

③同②。

④國立編譯館：《國中國文㈢》（台北：國立編譯館，1992 年 8 月改編本
三版），頁 60 、61 。

⑤轉引自仇小屏：〈非傳統作文命題探析〉（台北：國立台灣師範大學國文
研究所專題研究報告，2001 年），頁 8 。

⑥國立編譯館：《國中國文㈢》（台北：國立編譯館，1992 年 8 月改編本
三版），頁 85 － 90 。

⑦〈寄語祝福給受災小朋友〉，《國語日報》第三版資訊版，（1999 年 10
月 7 日星期四。

⑧向明：〈你所知道的媽媽們〉，《自由時報》副刊，2001 年 11 月 14 日
星期三。

⑨胡晴舫：〈流行〉《自由時報》副刊，2001 年 11 月 29 日星期四。

⑩以恆毅中學高三智班戴啟偉同學之作品為閱讀心得紀錄單範例。

⑪吉妮特·佛斯（Jeannette Vos）與高頓·戴頓（Gordon Dryden）合著，林
麗寬譯：《學習革命》（台北：中國生產力中心，1997 年初版），頁
79 。（原書書名：The　Learning　Revolution）。

⑫班級圖書館涉及學生作文素材積累，筆者於第五章第四節之部分內容，
將探析其設置辦法。

⑬陳滿銘《國文教學論叢·續編》（台北：萬卷樓圖書有限公司，1998 年 3
月初版），頁 406-408 。

⑭仇小屏非傳統作文命題方式之十四種分法係歸納曾忠華《作文命題與批
改》、賴慶雄與楊慧文編撰之《作文新題型》、李文錦與桑建中主編《高
中作文題型》之各家說法。〈非傳統作文命題探析〉（台北：國立台灣師
範大學國文研究所專題研究報告，2001 年），頁 9 。

⑮仇小屏：〈非傳統作文命題探析〉（台北：國立台灣師範大學國文研究所
專題研究報告，2001 年），頁 22 。

⒃同⒂。

⒄林繼生：〈語文表達能力測驗──大學入學考試的新神主牌？〉，《國文天地》第十六卷第八期（2001年1月），頁85。

第五章

作文運材綜合教學設計

　　要談作文運材綜合教學設計，必先探討情境作文教學。主因在於情境作文教學幾乎統攝涵蓋作文運材理論之事材、物材、虛材與實材。而情境教學能夠風靡世界，就在於它能提高教學效率。作文教學和情境教學結合，則可取得最優化的教學效果。何謂「情境」？廣西學者韋志成有如下的說法：

> 情境與情景同義，《現代漢語詞典》釋為具體場合的情形、景象或境地。從中看出，無論什麼情形、景象或境地，都必須是具體的。具體可感性就是情境的特質。心理學認為，情境是對人有直接的刺激作用、有一定的生物學的意義和社會學意義的具體環境。情境是具體的自然環境或具體的社會環境。它與意境不同，情境是客觀的具體環境，意境則是主觀的精神境界。情境在激發人的某種情感方面有特定作用，例如，在山野裡聞虎嘯和在公園裡聞虎嘯，人們所引起的感情是有區別的。在體育比賽中，對方的強和弱，觀眾的反應如何，對運動員的情緒狀態有不同的影響。這些都是由於情境不同。這就是說，所謂情境是指對人引起情感變化的具體的自然環境或具體的社會環境。[1]

這段文字詳實地解說了情境的定義、特質,並將情境和意境的區別明顯化,也提及心理學的情境說。「虎嘯」之例,適切妥當。

台灣學者江惜美對情境作文教學的定義則是:

> 教師安排各種有趣、神秘的情境,讓孩子用手碰觸、用耳聽、用腦思考,然後把觀察到的寫下來,這種教學方式叫做情境作文。②

如此定義情境作文教學,係以生活化的角度對待,較為活潑。

本章除了「情境作文運材教學綜合活動設計」,另有「正反法、因果法與賓主法作文運材教學綜合活動設計」、「意識流與腦力激盪術作文運材教學綜合活動設計」、「圖書館作文運材教學綜合活動設計」、「二○○一寒假參觀與閱讀作文運材教學綜合活動設計」。教學目標在於:

㈠結合教學理論與實務。

㈡學生能將片段的、不完整的寫作素材,串聯成一篇文章。

㈢在閱讀之中,積累寫作素材。

第一節　情境作文運材綜合教學設計

一、設計理念

美國教育家杜威,對情境教學作了有益的探索,他說:

> 我們主張必須有一個實際的經驗情境,作為思維的開始階段。③

杜威認為教學過程必須創設情境，依據教學情境確立目的，制定教學計劃；利用教學情境引起學生的學習動機，實施教學計劃和評價教學成果。④

　　原蘇聯教育家蘇霍姆林斯基在教學改革試驗中，經常把學生帶到大自然中，觀、體驗大自然的美，讓他們在大自然多彩的情境中，培養觀察力和創造力。他給學生編寫了《大自然的書》，對學生進行情境教學。他說：

　　　我力求做到在整個童年時期內，使周圍世界和大自然始終都以鮮明的形象、畫面、概念和印象來給學生的思想意識提供養料……⑤。

蘇霍姆林斯基充分利用大自然多彩的情境，對學生進行教育，促進學生健康成長，對情境教學作了有益的實踐和開拓。

　　根據杜威、蘇霍姆林斯基的探索，來看情境作文運材教學活動設計，我們希望以情境作文教學指導學生作文，培養學生的作文能力，可完成如下的作用：

　　㈠作文教學情境能給學生提供材料來源，解決學生作文的「無米之炊」。學生作文常有畏難情緒，他們之所以感到困難，是因為無事可寫與無話可說。而作文教學情境，教師根據教學需要創設作文情境，讓學生依情境作文。學生寫作文便有依據，自會得心應手。文章是客觀事物在人們頭腦反映的產物，沒有客觀事物，所謂「反映」也就缺少本源。⑥

　　㈡作文教學情境能增強學生的感受與體驗，提高學生表情達意的能力。學生作文存在一個通病，即平淡單調、感受蒼白、感

情貧乏。而作文教學情境，讓學生身歷其境，增加學生對事物的感受，誘發他們的情感體驗。⑦

㈢作文教學情境能培養學生在一種應急狀態中，有靈活的應變能力。作文教學情境，實際上是為了激發學生的寫作欲望，調動學生的作文興趣的一種場合、背景、應急狀態。讓學生在這種應急狀態下，爆發思維、聯想、想像，形成強烈的發表欲望。應變能力是人生存立世最可寶貴的一種能力，有了這種能力，人才能解決大千世界各種各樣紛繁複雜的問題，才能表現出人的創造精神。創設作文教學情境，能讓學生在特定的情境中，從不同的角度與方向去思考問題，能將思維飛快地發散，又迅速地變通，從已知的經驗中抉擇，挑選適合解決問題的正確途徑和最佳方案。一個應變能力強的人，能自如地從分析到綜合，又從綜合到分析，解決現實問題。作文教學情境給學生提供了多向思維、多角度思維的契機，為培養學生思維的靈活性和應變能力設置了一個啟迪心智的溫床。⑧

創造作文教學情境，在操作中要注意兩點：

㈠作文教學情境，必須貼近學生的生活。作文教學情境越是貼近學生的生活，學生越是有話可說，有東西可寫。生活之樹常青，學生寫自己熟悉的生活，既能引發自己的生活庫存，又能開拓想像，寫起來就會左右逢源、得心應手，情感傾吐也就自然感人⑨。

㈡作文教學情境最好是活動情境，讓學生參與活動的全過程，有利於激發學生的表達。⑩

筆者根據情境作文教學的操作要點，創造「道德兩難」的作文訓練。其靈感源自於柯柏格「偷藥的故事」：

有位海太太患了一種特別的癌症，生命危在旦夕。經醫師診斷，只有一種藥物可治；而該種藥物只有在鎮上齊老闆的藥店裏，才能買到。因為這種藥是齊老闆獨家專利的，所以他把藥價提高十倍出售；由合理價格兩百美元，提高到兩千美元，以謀取暴利。海先生深愛她的太太，為了太太的病，本已花去了所有的積蓄。現在有了新藥，他四處向親友借貸，但只能湊到所需藥款的半數，海先生向齊老闆懇求。求他仁慈為懷，救他太太一命；他願先付一千美元，餘款容後分期攤付。齊老闆對他毫不同情，堅持不肯讓步。海先生絕望之餘，就在第二天的夜裏，弄破窗子潛進齊老闆的藥店，偷走藥物，及時挽救了他太太的生命。⑪

柯柏格採用這個見仁見智的故事，測驗兒童們的道德判斷取向。如以教育心理學的立場看待，用這樣的一個故事來作為道德尺度的考量，其實是有待商榷的，但在教學設計上，教師則可藉此實施作文教學，讓學生自訂相關題目作文，訓練小孩子從各個不同的角度去思考此類問題。

二、實施對象及人數

實施對象為國中二年級，人數是五十人。

三、相對應寫作能力指標

F-3-7-2　　能養成反覆推敲，使自己的作品更加完美，更具

特色。

　　F-3-5-10　　能依據寫作步驟，精確的表達自己的思想，並提出佐證或辯駁。

四、實施方式

　　方式之一：設計一個開放性題目，由學生自由發揮、自訂題目。例如：小明的父親生病，急需用錢，但是小明家裡貧窮，無法負擔龐大的醫藥費。小明在街上徘徊，不知如何是好。突然間，他發現地上有個骯髒破舊的袋子，裝滿了錢，以及一張身分證。那張身分證的職業欄是「工人」。很明顯地，這一大筆錢是人家辛苦掙來的，而失主也很需要這筆錢。小明該如何是好呢？請用此事件，自訂作文題目，發表自己的看法及意見。

　　教師可口述預先設計的事件，也可印講義，多設計一些同類的事件，由學生自行挑選一件，加以發揮。

　　筆者在實際的教學過程中，發現大部分的小孩子，都能從情、理、法三個標準分開來看。這樣的話，判斷是非比較靈活，但答案將不會一致。如果從情、理、法兼顧的標準看，將更難獲致肯定的一致的答案。

　　實驗教學時，學生自訂的題目大致如下：「是與非」、「善與惡」、「一念之間」、「該如何是好呢？」、「人性兩面」、「衝突」、「理智與情感」……等。

　　方式之二：可要求學生將自己虛擬成各種角色，進入各種虛擬情境，於虛虛實實、實實虛虛之中，獲致另類的寫作樂趣。教學講義內容如下：

※　※　※　※　※　※
單元名稱：虛擬情境作文訓練

日期：西元 2002 年 1 月 12 日

單元命題：

㈠說明：

1.虛擬一個情境，例如「此刻你的身分是一個記者，某天在某處遇到教育部長，於是你訪問教育部長，而完成一篇報導。」或者讓班上某位同學扮演某位政府首長，由你擔任採訪記者，紀錄採訪內容。

2.所虛擬的情境與事件發展過程必須「合理化」。

3.字數大約二百字。

㈡格式：

第一部份為虛擬之情境與主要人物身分建構簡述（大約四十字左右，內容可參考說明一）。

第二部分為採訪過程或事件發展過程紀錄（大約一百六十字左右）。

※　※　※　※　※　※

五、學生作品實錄

＊學生作品實錄之一：

人性兩面
國二美　施以潔

人，是種矛盾的動物。一生下來，就要被許多道德、觀念以及思想束縛著。有時你想做這件事，但做了這件會妨礙那件，做了那件又怕毀了另一件，想乾脆不做，又很不服氣，這不是矛盾是什麼？

　　就像小明，父親生病了，人性中的「親情」與「同情」，就會讓他想為父親籌錢治病。而當他在偶然間得到了那些錢，就如溺水的人抓到了救生圈，心中所有的不安，焦慮全部一掃而空，他想到有了錢，就可為父親治病了。但是，當他看到了那張身分證，知道了失主是一位付出勞力來掙錢的勞工家庭時，他可能會想到，失主也可能非常需要這筆錢，人性中的「同情」，使他同情這個和他同病相憐的家庭，他可能會把這筆錢還給失主，而自己再想法子。這就是人性中的光明、溫暖的一面。

　　但，如果小明轉了念頭呢？他便會拿了錢，頭也不回地奔回家，送父親到醫院。父親的病好了，他可能非常高興，快樂地和父親生活在一起。但當他想到，他拿了一筆不屬於他的錢來治父親的病時，人性中的「良心」會逼著他，讓他自責。假使失主因為沒有這筆錢，而被迫接受家人受傷或死亡的事實時，小明可能因逃不了良心的不安，而一輩子生活在痛苦中。這就是人性中黑暗、冷酷的一面。

　　小明可說是個「矛盾」的代表。人們常在一線之間，或一個小念頭，或一時感情衝動而迷失了自己，記住！遇到任何事，保持冷靜，讓自己有個「理性」的頭腦，是很重要的。

＊學生作品實錄之二：

虛擬情境　　　　　　　　　　高一真　倪銀霞

　　我是一個記者，專門追新聞給每一個想知道新聞的人民，大家都喜歡知道一些八卦，卻都不曾以最真的態度來面對我們記者，我深為記者百感痛心丫！

　　有一天再經過市政府的時候我搶到一條獨家，我訪問到的人

是教育部部長，我問他是否覺得現今的學生只知道一味的讀書而不知如何放鬆?他跟我說是的，政策再怎麼變都一樣並不能減少學生的壓力。但是以目前的情形來看，現今的學生還是需要磨練，否則他們無法繼續的學習成長。我又問如何可以減輕他們的壓力，使他們不會讀書讀到自殺或是想不開得到憂鬱症，部長說每個孩子有自己應變能力的方法以及紓解壓力的正確方法，希望每個孩子能不斷的學習以及成長，我覺得這是十分正確的觀點，要給自己找到紓解壓力的方法是再好不過的，希望全世界的孩子都可以不斷的茁壯成長。

六、小結

情境作文運材綜合教學設計，容易建構人文關懷，此點可自學生作品實錄「人性兩面」與「虛擬情境」中窺見。

第二節　正反法、因果法與賓主法——作文運材綜合教學設計

一、設計理念

「章法學」的本質植根在華人屬性的文化底層，是累積華人文化深厚度孕育而出的理論。此理論可以讓學生在運筆寫作之際，有清晰的思路構想文章內容。筆者嘗試綜合章法學結構之三種運材法：賓主法、因果法、正反法，開發出協助學生寫作文章的作文教學活動。

第四章第二節曾提及以圖表構築文章素材鷹架，這樣的教學

方式較適合低年級的學生，此處之「正反法、因果法與賓主法作文運材教學綜合活動設計」較適合高中生。

二、實施對象及人數

高中一年級學生，班級人數四十九人。

三、教學目標

在認知方面，養成清晰的構思寫作能力；在情意方面，培養人文關懷的精神；在技能方面，有綜合寫作材料的能力及電腦操作能力。

四、實施方式

實施方式之一係針對高中一年級學生，班級人數四十九人。方式條列如下。

㈠教師於平日範文教學中，即日積月累地給予學生「文章章法」的概念。

㈡教師自編教材，教材內容為：

※　※　※　※　※　※

1.以下是一則報紙專欄文章

〈抽煙的少女〉⑫：

近來，常常和朋友約在泡沫紅茶店或新式咖啡館見面，有時候到得早，不免左右觀看一下，結果發現吸煙的年輕女孩特別多。這個發現讓我有些惆悵。大家都知道抽煙對身體不好；為了避免煙害，現在許多公共場所都禁煙，就連長途旅行的國際飛機

上，以前還有小小的吸煙區，現在卻完全禁絕了。所以，有煙癮的人，無論上班、搭機或在任何公共場所，都會感到十分不便。過去，吸煙幾乎等於男人的專利，只有少數女性私下抽煙。現在男女平權，以前男人做的事情，不管好壞，女人都可以做。我會覺得惆悵，是發現如今吸煙的年輕男性反而少了，卻到處見到不顧煙害抽煙的年輕少女。吸煙倒也罷了，卻見到她們姿勢那麼不優雅，一副旁若無人、沒教養的樣子。男女平權，女性機會多了，不是應該讓自己過得更好才對嗎？

　　2.說明 ：

　　⑴正反法就是將差異極大的材料互相映照，作成強烈的對比，藉反面的材料襯托出正面的意思，以增強主旨的說服力與感染力。⑬

　　⑵賓主法就是運用輔助材料（賓），來襯托主要材料（主），從而有力地傳達出主旨的一種章法⑭。

　　⑶因果法是一種古老的法則，其簡單句式為「因為……所以……」。這「因為……」是「因」，「所以……」是「果」。

　　⑷請依前三項說明，以及專欄文章〈抽煙的少女〉，將正反法、因果法與賓主法三種運材方式結合，完成一篇「勸請在學少女不要抽煙」的文章。

　　⑸題目自訂。

　　⑹字數八百至一千字為限。

　　3.作法結構提示：

(1)以正反法勸說 ─── 正（不抽煙的好處）。

　　　　　　　　└── 反（抽煙的壞處）。

(2)以賓主法安排親 ─── 賓（父親）─抽煙有害健康。

　友加入勸說行列 ─── 賓（母親）─勿讓別人吸二手煙。

　　　　　　　　└── 主（在學的抽煙少女）。

(3)以因果法作結論 ─── 因─大家的努力勸說。

　　　　　　　　└── 果─在學的抽煙少女，就不抽煙了。

　　以上作法提示僅供參考，同學們可自行虛擬勸說內容，安排各種親友勸說，勸說結果失敗或成功，亦可自行虛擬。

※　※　※　※　※　※

　　㈢進行作文實作時，不一定要受限於教師所編寫之講義上的專欄內容，可自行虛擬一個情境進行實作。

　　㈣進行「學生互評」的活動，由學生自行評分並書寫評語。

　　㈤每位同學的作品皆上傳至班級網頁，進行「票選活動」。由同學們票選出心目中最好的作品。⑮

　　實施方式之二的對象係針對教師自身。

　　㈠平日經常涉獵章法學。

　　㈡運用章法架構學生作品，操作實例如教師作品實錄。

　　㈢教師在校刊發表本篇以章法架構學生討論內容的作品。

　　教師如熟悉章法學，則有助於九年一貫課程架構，譬如以建構恆毅中學校慶活動為例，合科統整綜合活動、語文、數學、藝術與人文、社會、健康與體育、自然與生活科技七大領域的課程則如表5.2.1：

表5.2.1　校慶主題架構表

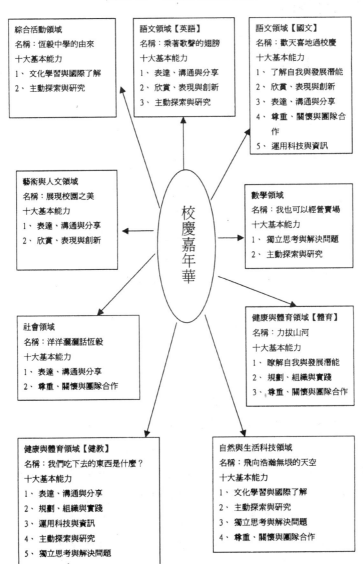

綜合活動領域
名稱：恆毅中學的由來
十大基本能力
1、 文化學習與國際了解
2、 主動探索與研究

語文領域【英語】
名稱：乘著歌聲的翅膀
十大基本能力
1、 表達、溝通與分享
2、 欣賞、表現與創新
3、 主動探索與研究

語文領域【國文】
名稱：歡天喜地過校慶
十大基本能力
1、 了解自我與發展潛能
2、 欣賞、表現與創新
3、 表達、溝通與分享
4、 尊重、關懷與團隊合作
5、 運用科技與資訊

藝術與人文領域
名稱：展現校園之美
十大基本能力
1、 表達、溝通與分享
2、 欣賞、表現與創新

數學領域
名稱：我也可以經營賣場
十大基本能力
1、 獨立思考與解決問題
2、 主動探索與研究

校慶嘉年華

社會領域
名稱：洋洋灑灑話恆毅
十大基本能力
1、 表達、溝通與分享
2、 尊重、關懷與團隊合作

健康與體育領域【體育】
名稱：力拔山河
十大基本能力
1、 瞭解自我與發展潛能
2、 規劃、組織與實踐
3、 尊重、關懷與團隊合作

健康與體育領域【健教】
名稱：我們吃下去的東西是什麼？
十大基本能力
1、 表達、溝通與分享
2、 規劃、組織與實踐
3、 運用科技與資訊
4、 主動探索與研究
5、 獨立思考與解決問題

自然與生活科技領域
名稱：飛向浩瀚無垠的天空
十大基本能力
1、 文化學習與國際了解
2、 主動探索與研究
3、 獨立思考與解決問題
4、 尊重、關懷與團隊合作

五、作品實錄

＊學生作品實錄之一：請勿抽煙

請勿抽煙

高一節　劉宜銘

> 第一部分　作法結構表

1.賓主法
- 賓一（父）－抽煙有害健康。
- 賓二（母）－勿讓別人吸二手煙。
- 賓三（友）－抽煙是不好的事。
- 主（女學生）－戒煙很難，不是說改就改。

2.因果法
- 因－大家努力的勸說。
- 果－在學少女決定開始戒煙。

3.正反法
- 正－不抽煙的好處。
- 反－抽煙的壞處。

> 第二部分　正文

近年來抽菸的女性是越來越多了，尤其是年輕的女孩子。

小婕是一個剛從國中畢業的小女生，因為讀的是五專，學校對學生的約束比較放縱，所以小婕就常和同學到舞廳玩，因而學會了抽煙和喝酒。常將自己打扮成光鮮亮麗的交際花，三五好友到酒店參加派對，狀況實在是越來越糟，不但是小婕的父母擔心就連以前的朋友都看不下去了。

所以大家一直不斷的勸小婕，抽煙有害身體健康，而且是一件很傷害身心的事，年輕人應該好好享受生活，不要把自己的身

體弄得像是個老人家，一旦再這樣下去，等到成年後身體一定會開始變差，而且也有可能影響到下一代，年輕人該為自己未來想想，整天玩樂總不是辦法，就算要玩也不可以影響到自己的健康。

而小婕的母親常告訴小婕說，就算是覺得自己的健康好壞無所謂，也要為你生活週遭的人想想，弟弟還小，妳就不怕帶壞他嗎？而且在公共場合抽煙是很不禮貌的，那會使不想抽煙的人吸二手菸，不但傷害了自己也會妨害別人的健康。而且你現在是學生，應以課業為重才是。以前的朋友也極力勸說小婕必須要戒煙，朋友總是說小婕變漂亮了，但也不像從前來的健康、有活力，而且時常身上都是煙味，和以前的小婕實在連不上來，如果這是所謂的男女平權，那我寧可不要，希望下次同學會中出現的小婕能和以往一樣的健康、一樣的有活力。說了那麼多，可是除小婕本人，誰能完完全全的了解小婕她自己的想法呢？小婕的年紀還小，但也有自己的想法、自己的觀點、自己的是非，所以儘管小婕的父母及朋友如何的勸說小婕，小婕也無法了解，因為小婕的身邊有太多的誘惑了，所以一切也都只能靜觀其變，由小婕自己想通。小婕常頂撞父母，他說其他同學都在抽煙，就算她不抽，也會吸到二手煙，就這樣一再為自己找藉口和說詞，總是說抽煙可以使她放鬆心情，忘掉不愉悅的事，還把這樣的壞習慣說成是正常的，再不然就是嘴巴說要戒，但是私底下還是偷偷地抽，如果被發現，就又會有另一番說詞，比方說戒煙很困難，不是說戒就戒，或說自己是初犯，諸如此類，小婕的父母為了這樣實在是很痛心。

過了許久，小婕發現父母親因為她的關係天天憂愁滿面，慢

慢的感覺到大家對她的關心，而且也可以體會父母的擔心。

小婕終於決定開始戒煙了。

戒煙後的小婕，日子過得既充實而又健康。

以上的故事結局是好的，如果你我的身邊有人有抽煙的壞習慣，那麼一定要勸他不要愛抽煙了，或者是你本身就有抽煙的壞習慣，那麼你一定要想辦法戒煙，因為我覺得抽煙無論年齡大小都對身體不好，一旦染上了煙癮就很難戒，所以最好不要碰，如果不抽煙，會有健康的身體；如果不抽煙，會有美好的人生；如果不抽煙，會有新鮮的空氣，抽煙絕對是一件百害無益的事，所以絕對不要去嘗試，抽煙不但危害自己的身體健康，也會造成空氣品質的惡化，更糟的是讓別人吸二手煙，而且抽煙在公共場合是不受歡迎的，所以大家「請勿抽煙」。

第三部份　學生互評

分數：八十四分。

評語：寫得很具體，一看就可以看出主題。

＊學生作品實錄之二：去網咖的少年

去網咖的少年

高一節　劉亦展

第一部分　作法結構表

1.以正反法勸說——┌─去網咖的好處。
　　　　　　　　　└─去網咖的壞處。

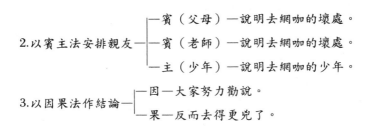

2.以賓主法安排親友
- 賓（父母）—說明去網咖的壞處。
- 賓（老師）—說明去網咖的壞處。
- 主（少年）—說明去網咖的少年。

3.以因果法作結論
- 因—大家努力勸說。
- 果—反而去得更兇了。

第二部分　正文

　　炎炎夏日，反而不再是像以往一樣，大家都喜歡出來運動，活活筋骨，而都往網咖走了！

　　其實去網咖也不盡然全是壞處，也是有好處的，例如：「放鬆心情啊！發洩怒氣、認識朋友〈上網聊天的話〉、甚至還有人會到那去查資料呢！」等等……不過有好處，當然也有壞處啊！像，容易吸到二手菸，容易發生衝突，現在新聞也有播，什麼砍手指之類的等等……總而言之，好處不會多過壞處。

　　現在去網咖，大多以青少年居多，像我有個朋友就是這樣，三不五時就往網咖走（相信許多人也是這樣）雖然他被老師發現了，經過勸說還不肯悔改最後連父母也出動了，不過，反而達到反效果，變本加厲的去，一直這樣到現在也是一樣。

　　經過這件事件，我從中發現，有時候用勸的反而沒辦法！就跟平常父母叫你唸書的情形是一樣，所謂「山不轉路轉，路不轉人轉」，所以，必須換個方法，不要一味得只是唸、唸、唸！到後來反而得到不好的效果呢！

第三部分　學生互評

　　分數：八十三分。

評語：還不錯啦！不過還有很大的發展空間。

* 學生作品實錄之三：迷途的羔羊

迷途的羔羊　　　　　　　　　　　　　　高一節　何敏聰

┌─────────────────┐
│ 第一部份　作法結構表 │
└─────────────────┘

1. 以正反法勸說 ─┬─ 正─不抽煙的好處。
　　　　　　　　 └─ 反─抽煙的壞處。

2. 以賓主法勸說 ─┬─ 賓─學校教官。
　　　　　　　　 └─ 主─在學的抽煙少女。

3. 以因果法勸說 ─┬─ 因─經由教官的輔導。
　　　　　　　　 └─ 果─少女不抽煙了。

┌─────────────┐
│ 第二部分　正文 │
└─────────────┘

　　某學校的一處角落，一名坐在樓梯斜角處年約十六、七歲的少女迅速掏出口袋的煙包，就這麼抽起煙來了。她沉浸在煙裡，沒聽到聞煙而來的危險腳步聲，當少女聽到鐘聲要離開時，才聽到樓梯傳來的腳步聲。她慌了，不知所措。當腳步聲離她越來越近、越來越近……直至樓梯轉角，定眼一看，出現在她眼前的是學校的教官。

　　少女被帶到了輔導室，教官看著這名不是太壞的少女，「既然她不是太壞，那一定有辦法輔導。」教官心想，於是，他決定給少女一個改過的機會，於是教官開口問這名驚慌的少女：「你抽煙是為了什麼？」

　　少女：「回答教官，我……我抽煙是為了……解除壓力而

已！」

　　教官：「解除壓力的方法很多呀！為何要碰煙呢？」

　　少女：「當我第一次碰到同學交給我的煙時，又加上朋友慫恿我，我便無法戒了。」

　　教官：「抽菸的壞處太多了，你知道嗎？」

　　少女：「有很大的壞處嗎？」

　　教官：「我跟你說明好了，例如：當你吸入那些煙，是不是有一種很特別的感受呀！」

　　少女：「嗯……有一點！」

　　教官：「那就表示這時煙裡的尼古丁……等已進到你的肺裡，想想一根煙將近有兩千種毒物，而這兩千種一個也不剩進到你的肺，有什麼感想呢？」

　　少女：「有……有這麼可怖嗎！」

　　教官：「你知道就好了，不抽煙還可以讓你的肺輕鬆一些，而且不會傷害到你的身體，只要你下大決心，克制自己，其實，解除壓力的方法很多的。」

　　少女：「謝謝教官，我一定會努力壓抑自己不受煙毒的迫害的。」

　　教官：「那要看你下多少決心囉！」

　　少女打該輔導室的大門，心想著一定要戒除菸癮。當她開心的走時，輔導教官也很高興：「我挽回一隻迷途的羔羊。」

　　　第三部分　學生互評

　　分數：九十分。

　　評語：寫得不錯，很厲害，有機會可以當個文學家。

＊教師作品實錄：

公元二〇〇二年，聽說有人吃下一部車　劉寶珠

第一部份　寫作素材

蔡瑜芳：「說真的，我不相信，一部車耶！如果真有此人，我一定拜他為師，請他教我如何吃下一部車，我會親眼看他是如何吃下那一部車的。」

楊琬琳：「吃下的那部車，可能是糖果吧！像路邊不是有人會賣雞蛋糕嗎？有很多圖案的那一種，我看過的有車子、小鳥、馬、烏龜。」

徐慧珊：「現代人有那麼多東西好吃，他為什麼要去吃車呢？不過，或許我們可以猜測他是如何吃的吧，他應該是先把一部車解體後，再開始分類，然後再吃。」

邱郁婷：「他怎麼咬得動鐵？他的胃如何吸收啊？醫生和科學家一定很想研究吃下一部車的人。」

陳莉涵：「既然是『聽說』，表示不能完全相信，但事實如何，我不了解，但我確定，真相察明之前，我是不會相信的。不過那個吃下一部車的人，怎會餓到只能吃這個了。不知那個人是男是女，我想男的機率比較大，至於他的身體怎能負荷車子的引擎、輪胎、玻璃、鏡子，我就不了了之了。但我奉勸大家，沒事不要吃車子，車子餅乾我還可以接受，但最好不要吃車子，公車、機車、腳踏車、BMW 都對身體不好喔！」

鄭采瀅：「這真是一件不可能的任務。但因為是『任務』，才要讓『不可能』變成『可能』，這就是所謂的挑戰吧！」

鄧婷文：「我覺得『宰相肚裡能撐船』，這代表人的心胸寬

大，那我就在想吃車子的這個人，心胸一定非常寬大了。因為他
『肚裡能裝車』，不知他是用紅燒、油炸，或是沾哇沙米生吃。」

　　賴瀅如：「如果有人吃下一部車，那他鐵定是個機器人。沒
錯，他就是一個機器人，但他跟平常的機器人不同，不同的是他
需要吃，他有感覺，他甚至想要跟我們一樣做一個正常人，所以
他努力的學習人類的一切。」

　　楊世奕：「當我聽到這句話時，心中除了覺得難以置信之
外，還有著一絲疑惑，總覺得不太可能有人把車子吃了。因為心
中的疑惑使我腦中萌生了一些特別的想像，千奇百怪、各式各樣
天馬行空的想像。」

　　卓思瑩：「當我聽到這句話時，心中只有一個想法──開
玩笑的。後來知道是真實的事件時，我覺得─荒謬。如果你說有
人吃下一些毒蟲怪草的話，我也許會相信，但吃車子……，我很
懷疑，那個人不會消化不良嗎?還是他是用鐵打的?」

第二部分　文章架構

```
┌─因─（凡）─聽說有人吃下一部車
└─果（目一）─蔡瑜芳的意見。
　　（目二）─楊琬琳的意見。
　　（目三）─徐慧珊的意見。
　　……
　　（目十）─卓思瑩的意見。
```

第三部分　素材組合

公元二〇〇二年，我們在七星山巒遙望北極天垣。

蜿蜒的綠色水流，爬梳過幾個天涯世紀，迢遞江山如畫的視線拋引：天空腳下，華人世界裡最後一個照著風水規劃的城市，一幅具足立體感的圖畫。你總是喜歡站在生命最深的城廓方位，想像劉琨以大屯山為背，淡水河為倚，七星山為玄武定位，凝聚首都城市天寬地闊般的好風好水。抬頭仰望你的臨水佇立，開始感受一股來自海島屬性，自信而不自大，自謙而不自卑的城市尺度丈量而出血肉飽滿豐富的都市性格。

黃昏了，東向的窗口都點燈。

於是，就想寫首詩送你，不過，生命的本身就是。

詩的內容由你而定，但願那是充滿浪漫靈魂、歡喜而又帶點理智的。

遠遠地，你自微笑的風中走來，典藏著心事。

你說：公元二○○二年，聽說有人吃下一部車……

而在真實的底層，多重意涵辯詰的空間，彷彿榮格與佛洛伊德的哲學況味。

瑜芳：「說真的，我不相信，一部車耶！如果真有此人，我一定拜他為師，請他教我如何吃下一部車，我會親眼看他是如何吃下那一部車的。」

琬琳：「吃下的那部車，可能是糖果吧！像路邊不是有人會賣雞蛋糕嗎？有很多圖案的那一種，我看過的有車子、小鳥、馬、烏龜。」

慧珊：「現代人有那麼多東西好吃，他為什麼要去吃車呢？不過，或許我們可以猜測他是如何吃的吧，他應該是先把一部車解體後，再開始分類，然後再吃。」

郁婷：「他怎麼咬得動鐵？他的胃如何吸收啊？醫生和科學

家一定很想研究吃下一部車的人。」

　　莉涵：「既然是『聽說』，表示不能完全相信，但事實如何，我不了解，但我確定，真相察明之前，我是不會相信的。不過那個吃下一部車的人，怎會餓到只能吃這個了。不知那個人是男是女，我想男的機率比較大，至於他的身體怎能負荷車子的引擎、輪胎、玻璃、鏡子，我就不了了之了。但我奉勸大家，沒事不要吃車子，車子餅乾我還可以接受，但最好不要吃車子，公車、機車、腳踏車、BMW 都對身體不好喔！」

　　采澂：「這真是一件不可能的任務。但因為是『任務』，才要讓『不可能』變成『可能』，這就是所謂的挑戰吧！」

　　婷文：「我覺得『宰相肚裡能撐船』，這代表人的心胸寬大，那我就在想吃車子的這個人，心胸一定非常寬大了。因為他『肚裡能裝車』，不知他是用紅燒、油炸，或是沾哇沙米生吃。」

　　澄如：「如果有人吃下一部車，那他鐵定是個機器人。沒錯，他就是一個機器人，但他跟平常的機器人不同，不同的是他需要吃，他有感覺，他甚至想要跟我們一樣做一個正常人，所以他努力的學習人類的一切。」

　　世奕：「當我聽到這句話時，心中除了覺得難以置信之外，還有著一絲疑惑，總覺得不太可能有人把車子吃了。因為心中的疑惑使我腦中萌生了一些特別的想像，千奇百怪、各式各樣天馬行空的想像。」

　　思瑩：「當我聽到這句話時，心中只有一個想法──開玩笑的。後來知道是真實的事件時，我覺得──荒謬。如果你說有人吃下一些毒蟲怪草的話，我也許會相信，但吃車子……，我很懷疑，那個人不會消化不良嗎?還是他是用鐵打的?」

　　聽說有人吃下一部車的討論，竟似細胞分裂擴散，如火如荼
地蔓延開來。

　　起初是一個，接著是兩個，離析幻化成無數個，碎落分散在
風中、樹上，每一片枯葉均包含著論辯詰問。恍恍惚惚，在虛空
之中，充滿無數個你，無數個我，跨過凱達格蘭族群部落、清廷
東南版圖的海外重鎮、日據殖民帝國的海外實驗樣本之時代心
脈。重色彩、高建築、大空間尺度的城市建築性格，搖曳你我靈
魂深處對這整個團體的浮雕印記，一點點的顧盼自憐無限展延戀
戀風塵的滄桑歷盡。回首之處，漫不經心的障阻驚覺，一點一滴
地捨棄放下了又拾起。透明現代的櫥窗容顏，與成熟世故的沉穩
端方隔空喊話，最終解放的是春雷輕響過後的嚎啕大哭、哀慟逾
恆。你我的集體辯詰，與地點如是脈動，心血連結的剎那，美麗
的鮮紅汁液令人肅穆動容。

　　現在的時間是地球公元二〇〇二年，立足於恆毅的我們是幾
歲似乎不足以代表什麼。歲月的風霜只是在身體刻畫年輪記號，
超越時間空間的靈魂，已然經歷宇宙無限遼遠，這個心靈的年輪
既老邁而又深遠。

　　遠遠地，你自星月走來，聲音迴盪在微笑的風中。

　　你說：公元二〇〇二年，聽說有人吃下一部車……

六、小結

　　自作品實錄的內容可知：透過「正反法、因果法與賓主法作
文運材教學綜合活動設計」，可協助教師清晰地架構九年一貫課
程設計，也可協助寫作時，合乎邏輯性，靈活地使用寫作材料。

第三節　意識流與腦力激盪術——作文運材綜合教學設計

一、設計理念

　　民國七十四年，聯考作文出現「組合式」作文，⑯筆者便開始思索如何運用作文教學設計，幫助學生在練習寫作文章的過程，靈活使用所提供的詞語材料或文章材料，克服寫作文章的困難，或是強化寫作的能力。何謂組合式作文？陳師滿銘在《作文教學指導》中說：這是提供若干詞語或文章，甚至限定某個範圍，讓學生依據所提供之詞語、自由選取文章或某限定範圍內的詞語，以組合成文的一種命題方式。

　　為了訓練學生寫作組合式作文，能順暢地運用詞語材料，於是，結合了情境作文、意識流與腦力激盪術，交錯使用虛材、實材、事材、物材的作文教學設計，於焉產生，筆者簡稱此種作文教學設計為「意識流與腦力激盪術作文訓練」。

　　進行「意識流與腦力激盪術作文訓練」，可以加強學生組織文句的能力。使學生在片斷的、不完整的思緒中，將所獲得的材料，組合構築成一篇有條理的文章。

　　由於「意識流與腦力激盪術作文訓練」的靈感，係出自於國文科聯考作文的詞語引導寫作。因此，這項作文訓練的目的，在於培養學生的思考力、運用材料的組織能力，以及鍛鍊寫作文句

二、實施對象及人數

實施對象是國中二年級學生，班級學生人數五十人。

三、相對應寫作能力指標

F-3-1-1　能應用觀察的方法，並精確表達自己的見聞。

F-3-2-1　能精確的遣詞用字，恰當的表情達意。

四、實施方式

實施方式之一：

對國中生而言，意識流與腦力激盪術作文，可採用兩個步驟進行。

第一個步驟，請學生先用筆，紀錄腦中想到的詞語。所紀錄的詞語不拘內容，可以是一句話、一件物品、一個想法、一種心情，或許多話、許多人、事、物……。老師可提示學生，在紀錄過程須充分運用視覺、觸覺、聽覺、嗅覺……等。

第二個步驟是將第一個步驟的詞語組合而成一篇文章。並非全部詞語皆須使用，不過能夠全部用上是最好的。使用詞語組合成文的原則在於：

> 語氣一致、體裁一致、人稱一致、方向一致、性格一致、主題一致、背景一致，才不會和原文扞格不入。並須注意銜接的緊密，整段文字必須具有完整結構和意義，尤其必須揣摩全文立意所在、詞語組合的邏輯性，以及串聯的方向及分段。⑰

　　「意識流與腦力激盪術作文」教學設計，適用的對象是程度
在國二以上的學生。

　　實施方式之二：

　　對高中生或者是國文程度較好的國中生而言，則可將意識流
與腦力激盪術作文的教學設計，依上述方式調整成以下三個實施
步驟：

　　第一個步驟，由教師設計習作單，內容如下：

※　※　※　※　※　※　※

意識流與腦力激盪術作文學習單

　　單元名稱 ：寫作素材搜尋與重整

　　說明 ：

　　第一部份　寫作素材搜尋（此部份應詳細註明寫作素材的基
本資料。其中，寫作素材的來源倘若是書，則需標明該書之書
名、作者、出版社、出版日期、寫作素材的頁數。寫作素材的來
源倘若是期刊，則需註明期刊名稱、卷次、發行日、寫作素材的
頁數。寫作素材的來源倘若是報紙，則需註明報刊名稱與版
次。）

　　第二部份　素材重整（將蒐集到的素材，自訂題目，重整成
為一篇新的文章。只要使用到第一部份的寫作素材，便需以括號
註明。）

※　※　※　※　※　※　※

　　第二個步驟，由教師帶領學生至圖書館尋找寫作素材。進行

方式是先到圖書館查資料，將所搜尋的資料依條列方式，一一寫在習作單上，且詳列資料來源，並將資料重整，寫成文章。

這個變通的方式，可幫助孩子高三時，寫作小論文。

五、學生作品實錄

作品實錄之一是恆毅中學施以潔的作品。第二部分括號的詞語，乃是第一部份的詞語。作品實錄之二、三、四分別是卓思瑩、楊世奕、陳怡樺的「資料素材運用」。其中，卓思瑩挑選兩本書安排寫作素材，楊世奕與陳怡樺則以書中佳句建構寫作素材。學生作品實錄的格式為尊重學生以及研究需要，其格式係依照學生作品原稿。

＊學生作品實錄之一：意識流與腦力激盪術作文訓練

意識流與腦力激盪術作文訓練　　　　　國二美　施以潔

第一部分　詞語

憂鬱　心情　人性　自由　高傲　設計師　心靈風車　雪爾堡　巴黎　倫敦　雪梨　米蘭－三○年春夏服裝秀　香奈兒　頹廢風　聖羅蘭　夢幻騎士　駐法文化大使　公爵舞會　法路透社特派記者　法國騎士勳章　名人氣質　成名　謙遜　高興　Thaao　偏激　前衛　幾何　經典

第二部分　正文

（憂鬱），是（人性）（心情）中的一部份。

死板知識的樊籠，以無法羈絆我追求（自由）的心。（心靈風車）不停地旋轉，我猶如唐吉軻德，一個（夢幻戰士），向這

世界宣戰。人家說我是個（高傲）的人，思想（偏激），其實是你們太保守，不能了解（前衛）的意義。

　　我的理想是一個（設計師），一個與（香奈兒）、（聖羅蘭）齊名的人。我要讓我的名字在法國的（雪爾堡）、（巴黎）、義大利的（米蘭）、澳洲的（雪梨）、英國的（倫敦）所聯合展出的（米蘭—三〇年春夏服裝秀）中一舉成名。我甚至可以看見，香奈兒特有的（頹廢風），和皮爾卡登的（幾何）設計，都敗在我的（經典）時代下。然後我將被世界各地的名記者採訪，特別是那最愛拍馬屁的（法路透社特派記者）。接著，我將參加（公爵舞會），並獲得文藝界的最高榮譽「（法國騎士勳章）」，而且我還會結識希臘（駐法文化大使）（Thaao），他誇獎我之所以會（成名）這樣快，是因為天生就俱有（名人氣質），我（高興）極了，並（謙遜）地回謝。

　　啊！夢幻騎士將對世界宣戰，你們要小心了。

＊學生作品實錄之二：資料素材運用

資料素材運用　　　　　　　　　　　　國二聖　卓思瑩

第一部分　素材搜尋

〈1〉書名：辛棄疾

　　　　出版社：上海古籍出版社

　　　　出版日期：1979 年 4 月第一版

　　　　　　　　　民國 82 年 4 月初版一刷

　　　　著者：夏承燾、游止水

1・青玉案：〔第 46・47 頁〕

東風夜放花千樹、更吹落，星如雨。寶馬雕車香滿路。鳳蕭聲動，玉壺光轉，一夜魚龍舞。　蛾兒、雪柳、黃金縷，笑語盈盈暗香去。眾裡尋他千百度；驀然回首，那人卻在燈火闌珊處。

2．西江月：〔第49、50〕

醉裡卻貪歡笑，要愁那得工夫？近來始覺古人書，信著全無是處！　昨夜松邊醉倒，問松：「我醉何如？」只疑松動要來扶，以手推松曰：「去」！

〈2〉書名：陶淵明

　　　　出版社：上海古籍出版社

　　　　出版日期：1979 年 7 月第一版

　　　　　　　　　民國81 年 9 月初版

　　　著者：廖仲安

1．飲酒之五：〔第54頁〕

結廬在人境，而無車馬喧。

問君何能爾？心遠地自偏。

採菊東籬下，悠然見南山。

山氣日夕佳，飛鳥相與還。

此中有真意，欲辯已忘言。

第二部分　內容

東晉的陶淵明及南宋的辛棄疾，分別逝世之後，在天宮相遇，結為好友，一天，兩人談論著彼此生前遭遇……「咳——」首先開口得是辛棄疾。

「想當初官場上，昏君無能，此刻想起，總是令人感到寒心。」

「我也是？」陶淵明道。

「哎！也罷！那種政治上的黑暗面豈是你所能明白？還記得當年元宵節，有感而發寫下的青玉案：

東風夜放花千樹、更吹落，星如雨。寶馬雕車香滿路。鳳簫聲動，玉壺光轉，一夜魚龍舞。　　蛾兒、雪柳、黃金縷，笑語盈盈暗香去。眾裡尋他千百度；驀然回首，那人卻在燈火闌珊處。」

陶淵明意味深深地嘆口氣。

「你又何必固執？當初我也和你一樣退隱山林，但我可是心平氣和的，還記得當年一邊喝酒、一邊吟詩……結廬在人境，而無車馬喧。問君何能爾？心遠地自偏。採菊東籬下，悠然見南山。山氣日夕佳，飛鳥相與還。此中有真意，欲辯已忘言。」

「哼！我就是固執，你又能奈我何？」辛棄疾氣憤地說。

喔～～～！陶淵明在心中暗自叫苦。

「天宮之中，誰不知我個性剛烈？還記得那天醉倒松樹下：

醉裡且貪歡笑，要愁那得工夫？近來始覺古人書，信著全無是處！　　昨夜松邊醉倒，問松：『我醉何如？』只疑松動要來扶，以手推松曰：『去！』

自此之後，天宮中誰不聞我色變？深怕哪天我又鬧酒瘋，胡言亂語，惹來一身麻煩。」辛棄疾說。

「ㄟ～～你可不要忘了我這『醉』友，你發酒瘋時我哪次沒在場啊！我倆每次相聚可是不醉無歸的啊！」陶淵明朗聲大笑。

「哈哈哈⋯⋯說得好！說得太好了！唉～～～反正這些都是過去的事了，來！今天咱們也給他來個不醉不歸！」辛棄疾開懷釋然。

「好！不醉不歸！」陶淵明同聲相契。

兩人開懷的笑聲，隨著西方的落日逐漸消逝於天際。

＊學生作品實錄之三：資料素材運用

資料素材運用

國二聖　楊世奕

第一部分　素材搜尋

1. 這個世間有一條古老的不成文規則：一個人某方面比別人多了什麼，便注定在另一方面比別人少點什麼。

2. 世間古老的規則既可以從正面看，從反面說也可成立：那個少了一點什麼的人，同時也就比別人多出一點別的東西。

選自〈冰湖幻影──少年阿班與松鴉的微笑〉

頁數：p67 & p72

Christian Bobi 著，呂淑蓉譯，陳敏捷繪，麥田出版，城邦文化發行，2000 年

第二部分　素材重整

這個世間有一條古老的不成文規則：一個人某方面比別人多了什麼，便注定在另一方面比別人少點什麼。

前兩天剛讀完《五體不滿足》，相信只要是讀過這本書的人都知道作者乙武洋匡患有先天性四肢切斷，作者還自我解嘲說是「天生沒手沒腳」的殘疾。

我要說的正是乙武洋匡，他有一對實裡實氣的開明父母，並且在知名的早稻田大學就讀〈傳說日本早稻田大學就像台灣的台灣大學一樣〉，更在上次來台訪問時造成大轟動；另外我個人覺得他長的還不賴。乙武洋匡他擁有溫暖的家庭，既會讀書、又能寫書、長的又好看〈我個人認為的啦！〉，他有這麼多的過人之處，但上天卻沒有給他雙手和雙腳。

　　世間古老的規則既可以從正面看，從反面說也可成立：那個少了一點什麼的人，同時也就比別人多出一點別的東西。

　　乍看之下我們會覺得上帝跟乙武開了一個大玩笑，但從另一個角度來看，雖然乙武一出生就沒手沒腳，可是上帝卻沒有忘記給乙武一些過人之處，其中最重要的一項就是他有比一般人更開闊的心胸呀！

　　乙武洋匡的確在某方面比我們少了什麼，但我們也不得不承認，他的確也在另一方面比我們多了些什麼。

＊學生作品實錄之四：資料素材運用

資料素材運用　　　　　　　　　　　國二聖　陳怡樺

第一部分　素材搜尋

書名：心靈雞湯

原著：傑克‧坎菲爾、馬克‧韓森

譯者：楊淳茵

初版：中華民國 84 年 7 月 30 日

發行所：晨星出版社

225 頁　「勇敢嘗試，而後失敗，遠勝於畏首畏尾，原地踏
　　　　　步。」
　　　　　　　　　　　　　　　　　　　　　　　羅斯福

241 頁　「此路破敗不堪又容易滑倒。我一隻腳滑了一跤，
　　　　另一隻腳也因而站不穩，但我回過氣來告訴自
　　　　己，這不過是滑一跤，並不是死掉都爬不起來
　　　　了。」

亞柏拉罕・林肯

第三部分　素材重整

成功與失敗

　　星期六，突然想起美術課的作業還沒做，是紙雕，一隻天鵝，看起來很簡單，可是做起來有點難，要很小心，否則太粗魯會斷掉，拿起美工刀割，割割割，頭終於割好了，雖然不是很圓，翅膀的地方就更複雜，割的技術不是很好，割的不夠深，沒有斷，結果我把它拉開時連旁邊的也斷掉了，斷掉了……天哪！看來我要重做了！有了前面的經驗，我會更更更小心的割，頭割的也圓一點了，翅膀要割深一點，……終於完成了。

　　雖然第一次失敗了，可是失敗並不可恥，「勇敢嘗試，而後失敗，遠勝於畏首畏尾，原地踏步。」很多事嘗試之後仍一再失敗，紙雕算是小小的事，可是不要氣餒，總會成功的，　國父孫中山也是革命第 11 次才成功的呢！像林肯說：「此路破敗不堪又容易滑倒。我一隻腳滑了一跤，另一隻腳也因而站不穩，但我回過氣來告訴自己，這不過是滑一跤，並不是死掉都爬不起來了。」讓我想起剛學滑直排輪，一直跌倒，後來才學會呢！

　　失敗為成功之母，從失敗中學習，再學習，但不要一錯再錯

六、小結

「意識流與腦力激盪術作文運材綜合教學設計」，學生在作品實錄的表現上，無論是組合詞語或各方面的素材重整，已走向把素材整合成符合自己風格的創作。

第四節　圖書館作文運材綜合教學設計

一、設計理念

以班級書庫、全校書展、智慧樹、圖書館尋寶四個主題建構作文運材教學綜合活動設計，累積活潑化、生活化的寫作素材。

二、實施對象及人數

實施對象是全校學生。

三、相對應寫作能力指標

F-3-4-4　能配合各學習領域，練習寫作格式完整的讀書報告。

F-3-4-5　能集體合作，設計宣傳海報或宣傳文案，傳遞對環境及人群的人文關懷。

F-3-5-7　能將蒐集的材料，加以選擇，並做適當的運用。

四、實施步驟

㈠班級書庫

　　在教室的一個小角落，設置班級書庫，設置班級書庫之目的在於提升學生之閱讀興趣，提供學生就近累積寫作素材的圖書資訊，養成自學習慣與能力，並鼓勵積極參與班級活動。

　　實施方式為：

　　1.教室設計班級書櫃存放圖書。

　　2.書籍來源由同學自行提供或由班費採購。

　　3.同學提供或班費採購之書籍由國文老師審核後列冊存櫃，並交換流通。

　　4.須設計班級圖書借閱流通登記冊。

　　㈡**全校書展**

　　全校書展提供孩子就近選書、購書、買書的好去處，不啻為累積寫作素材的好方法。

　　實施方式：

　　1.與書商聯繫，借用學校禮堂或是活動中心為書展地點。

　　2.舉辦摸彩活動，購書者可填寫摸彩單。

　　3.參觀書展者，可獲得一份小禮物。

　　書展實際情形如圖5.4.1 及圖5.4.2 ：

圖5.4.1　校慶書展圖之一

圖 5.4.2　校慶書展圖之二

(三)*智慧樹*

在教室走廊或其他可利用之開放空間，設置「智慧樹」。智慧樹上可張貼最近讀書所獲致之佳句或心得，這是交流寫作素材的方法。如圖5.4.3：

圖 5.4.3　智慧樹

新視窗

㈣圖書館尋寶活動

藉著「圖書館尋寶活動」，培養學生使用圖書素材資源的能力，也可藉著這次的活動，進行一次「科目統整」。

此項活動採「有獎徵答」的方式辦理，命題交由各個科目的老師們，這也是「科目統整」的部分。先請圖書館與各科老師協調「圖書館尋寶活動」之命題部分，麻煩老師們出題。公佈題目如表5.4.1（在此以三個題目為例），同時在有獎徵答期間，答案不公佈。答案俟有獎徵答結束之後，再公佈。

表5.4.1　圖書館尋寶有獎徵答題目

題號	題　目	答案	資料來源	科別	出題者
1	規模 8.2 的地震其所釋放的能量，相當於多少個轟炸日本廣島原子彈所釋放的能量？	1000 個	牛頓別冊：地震大剖析，p.199	地科	彭穎聖師
2	文獻中紀錄因地震所造成的死亡人數高達 83 萬人。請問發生於西元那一年？地點為中國的那一省？	西元 1556 年；陝西省	地球小百科，迪茂出版，p.116	地科	彭穎聖師
3	論語：「北辰遠而眾星拱之」是指那一顆星？屬於那一星座？	北極星；小熊星座。	星座故事，國立台灣科學教育館，p.33	地科	彭穎聖師

將一百個題目製成大型海報張貼在牆上，進行有獎徵答。學生想找到正確答案，就必須至圖書館「尋寶」、找資料。如果找到正確答案，可到圖書館的櫃檯填寫答案，並將答案單黏貼至該題題後。如圖5.4.4。

圖5.4.4　**圖書館尋寶答案牆**

五、小結

「班級書庫」、「全校書展」、「智慧樹」、「圖書館尋寶」四項作文運材教學設計，提供學生具生活化的寫作素材。整體教學活動設計的實施，則深刻地表出課程統整的意義。

第五節　寒假參觀閱讀作文運材綜合教學設計

一、設計理念

利用放假期間，進行各項參觀訪問，培養學生自學與判斷、思考能力，累積寫作素材的機會。

本論文第二章第二節詳列填寫意見調查表的老師們所進行參觀訪問活動之地點、性質、對象，是相當寶貴的參考意見。筆者據此設計作文運材教學活動：「寒假參觀閱讀作文運材教學綜合活動設計」。

二、實施對象及人數

國中一、二年級學生，班級人數五十人。

三、相對應寫作能力指標

F-3-1-1　能應用觀察的方法，並精確表達自己的見聞。

F-3-3-9　能根據實際需要，主動嘗試寫作不同類型的文章。

F-3-4-4　能配合各學習領域，練習寫作格式完整的讀書報
　　　　告。

F-3-5-7　能將蒐集的材料，加以選擇，並做適當的運用。

F-3-8-　能透過電子網路，將作品與他人分享，並討論寫
　　　　作的經驗。

四、實施步驟

1.發給每位同學一份〈寒假閱讀e計劃〉作業紙，內容含：讀書心得短文寫作一篇、參觀第九屆國際書展心得一篇、好書推薦單一篇。

2.須貼上參觀國際書展之入場票根。

3.由老師挑選出數份優秀作品，以電腦掃瞄方式處理作品，並將作品上傳至班級網頁，供大家欣賞交流。

4.將學生的作品以照相方式處理製成幻燈片，利用課堂時間進行作業檢討與欣賞、意見交流。

五、學生作品實錄

以下為恆毅中學國二望班陳冠翔的作品。

學生作品實錄：

習作新視窗

寒假閱讀 e 計劃

A：讀書心得短文寫作篇

1.書名：哈利波特～消失的密室　2.作者：J.K. 羅琳

3.出版社：皇冠文化出版有限公司　4.出版時間：2000 年 12 月

5.分類號(書標上第一排號碼)：＿＿＿＿　6.登錄號(本冊條碼號碼)：＿＿＿＿

7.本書主題：魔法學校才一開學，卻怪事連連，接著學生們也一個接一個慘遭毒手。為了解開這一連串的駭人聽聞的謎團，哈利波特和他的伙伴們勢必得找到傳說中的密度，打敗住在裡面可怕的怪獸。但他也正一步步接近致命的危機……。

(80字左右)

8.佳句欣賞：佛客使有著一條跟孔雀尾巴一般長，金光閃閃的 (p.366) 燦爛尾巴，和一身光彩奪目的紅色羽毛。 (p.367)

9.心靈感動：《哈利波特》是一套非常成功的魔法小說，作者運用其豐富的想像力、活潑生動的風格。將故事內容寫得精彩無比，更將主角們獨特的性格描寫得淋漓盡致。例如：榮恩的機智、妙麗冷靜的邏輯思考、以及哈利波特純真的豪情與驚人的勇氣…等等。《哈利波特》使男女老少都有了共同的話題，它帶給讀者的，不僅是一個充滿想像力的魔法奇幻世界，還有人們原來深藏心裡的夢想。

(120字左右)

姓名：陳冠翔　國中部 二年望 班　學號：80254

國文老師總評：□□□□
　　　　　　　優良可加

寒假閱讀 e 計劃

B：國際書展大開眼界

展期與地點：＊世貿一館（北市信義路五段五號）90年2月3日～6日 9:00～18:00
內容：法國主題館、中書外譯館、國際區、親子童書區、綜合區
＊世貿二館（台北市松廉路三號）90年2月1日～6日 9:00～18:00
內容：人文科技館、金鼎獎暨小太陽獎館、明日書區、漫畫區

📖 新春假期如何處去？走 一趟書香之旅罷！讓您更具國際觀、世界觀，使您的心靈更加充實！

參觀心得：（120字左右）

由於前來參觀世貿書展的人數眾多，館方提早至八點開館。我和同學們在八點半左右時，先進二館參觀，但只花不到半小時就逛完了。反到是一館超大的，人又非常多，我們才逛一半左右，腳便酸得快走不動了！大家就決定不逛了！到外面去休息一會兒。下午再去逛街。不過這次書展我也買了不少好書，例如：《哈利波特》、《愛回到最初》、《心靈雞湯》⋯等等。

請貼上參觀門票票根：
參觀時間：90年 2 月 4 日
還陪您一起去： 班上的同學

寒假閱讀 e 計劃

C：好書推薦單

看完了書展
您一定有許多好書急著要與我們分享
現在
您可以盡情地寫下您心目中的好書吧

書名	哈利波特～神秘的魔法石	書名	哈利波特～消失的密室
作者	J.K.羅琳	作者	J.K.羅琳
出版社	皇冠文化出版有限公司	出版社	皇冠文化出版有限公司
推薦原因	哈利波特是今年最出色的書籍之一。不可思議的寫作題材、精彩萬分的敘述技巧，以及極端迷人的角色人物，共同創造出一部驚人的作品。它令我迫不及待地想要趕快看到續集！如果你還沒讀過《哈利波特》，心動不如行動，趕快去買來看吧。	推薦原因	這是一本你一翻開就無法放下的書。作者再度以豐富的幻想素材，營造出獨一無二的氣氛；故事情節緊湊，毫無冷場，並且洋溢著第一集特有的狡黠老辣幽默感與描寫逼真的嶄新魔法。而這本卓越的魔法小說，令我對它的下一集充滿了期待。

♥哇！太棒了！恭喜您走完這趟豐盛的書香之旅。

♥完成時間：90 年 2 月 6 日

♥我給自己的話：明年就國三了！要多利用時間來讀書。

♥老媽給我的評語：多看課外讀物，才能吸取更多更豐富的知識。

表5.5.1 閱讀計劃表

六、小結

　　「閱讀計劃表」中的「誰陪你一起去」，照應九年一貫課程「十大基本能力」之「尊重、關懷與團隊合作」。「我給自己的話」，符合九年一貫課程「十大基本能力」之「了解自我與發展潛能」。「爸媽給我的評語」則關照到「十大基本能力」之「表達、溝通與分享」。

註　釋

①韋志成：《語文教學情境論》（廣西：教育出版社，2001 年1 月4 刷），頁24 、25 。

②江惜美：《國語文教學論集》（台北：萬卷樓圖書有限公司，1998 年8 月初版），頁169 。

③同①，頁29 。

④同①。

⑤同①，頁29-30 。

⑥同①，頁181 。

⑦同①，頁182 。

⑧同①，頁184 。

⑨同①，頁185 。

⑩同①，頁188 。

⑪張春興：《教育心理學——三化取向的理論與實踐》（台北：台灣東華書局，2002 年10 月修訂版），頁145 。

⑫廖輝英：〈抽煙的少女〉，《國語日報》第五版，1999 年11 月5 日星期五。

⑬仇小屏:〈非傳統作文命題探析〉(台北:國立台灣師範大學國文研究所
　專題研究報告,2001年),頁13。

⑭同⑬。

⑮此處結合電腦網頁設計、flash動畫製作。

⑯民國七十四年省聯引導寫作作文題如下:「如果我是高中生【詞語】理
　想　辜負　蹉跎　學以致用　因循苟且」。

⑰林繼生:〈語文表達能力測驗——大學入學考試的新神主牌?〉,《國文
　天地》第十六卷第八期(2001年1月),頁85。

第六章

◈

結論與建議

第一節　研究結論

本論文之研究目的有五大方向：

一、嘗試由章法學之運材法，開發出協助學生寫作文章的作文教學設計。

二、自語文表達能力測驗，找出協助學生寫作文章運用材料之方法。

三、透過意見調查回顧當前的作文教學，以為作文運材教學設計之參考。

四、以課程標準發展為本，探討現今作文教學設計之目的與意義，提供作文教學設計，有關運材主題之發展方向。

五、由非傳統作文訓練以及各類型之作文教學設計，協助學生在寫作文章時，能靈活運用生活素材。

以下說明本研究對於章法學、語文表達能力測驗、意見調查回顧、課程標準、各類型非傳統作文訓練對於研發作文運材教學設計之結論。

就章法結構之三種運材法（賓主法、因果法、正反法）而言，對研發作文運材教學設計，有相當大的助益。運用章法學輔助作文運材教學設計，可協助學生思路清晰地操作寫作素材。同

時，章法學亦是建構教學實務重要的理論依據，對站在國文教學第一線的老師，能彌補教學實務經驗豐富，卻缺乏教學理論的缺憾，使「理論」與「實務」結合。

就語文表達能力測驗而言，自大陸地區、英國、瑞典的語文表達能力測驗研究，以及台灣地區二○○二年的語文表達能力測驗研究分析，以宏觀的角度，研發作文運材教學設計理論，反思台灣當前的作文教學設計，應具備創新思考的模式，而寫作材料的提供，除了多元化之外，也有可比對的特徵。

就意見調查而言，站在國文教學第一線的老師強烈地表示教學時數不足，中學國文老師大多必須兼任導師工作，瑣事太多，導致作文教學品質低落。

就課程標準而言，作文教學是國文教學的一環，附屬於國文教學之中，地位又具相當的重要性，在這樣的前提之下，如何強化學習者的能力及學習意願，值得重視。

就各類型的非傳統作文訓練而言，所需留意的是：不要讓材料束縛了學習者與教學者，同時，材料積累的最高境界會形成藝術經驗的累積，教師在進行作文運材教學設計之際，自身亦可切換角色，從教學者的材料積累進至創作的積累，形塑藝術經驗。

第二節　研究建議

「教學」就是去理解教學者所熟悉的事。筆者從事本研究，於理論與實務的交替中理解平日教學所熟悉的事，並提出下列建議：

一、作文教學之課程規劃可分為獨立設科和融入國文科的方

式實施。獨立設科的優點為內容易於統整連貫，且可聘請具專長、有興趣的師資任教。作文教學融入國文科的課程實施，是目前的實施方式。此種方式可解決學習時間不足的問題。教育政策影響作文教學指標，筆者建議在課程規劃上，作文教學可獨立設科，但在精神上，應與國文教學結合。

二、當前課程發展的新取向，強調培養學生具有主動探索、解決問題的能力。因此，作文運材教學設計的發展方向，也可走向「以學生為本位的課程設計」，以學生生活為中心，提供學生所能接觸的，適合學生程度和經驗的教學設計。內容可從個人、家庭和學校開始，再逐漸擴展。這種「以學生為本位的課程設計」，易於引起學生的興趣，也易於被學生接受。

三、作文運材教學設計應注意統整性、多樣性、趣味性、特殊性、實用性，並且必須顧及份量與時間的配合。

四、應設立專屬的作文教材研究機構，該機構必須有專職研究作文教材的人員、協助教師解決問題。該機構並負責延請學者專家指導作文教學，或多開辦作文教學的研習，指導教師如何從事創意作文教學。師資培育中，應加強教師在作文教學方面的相關知能，並提供可應用的資源給予教師實質教學上的幫助。

五、建立資源網站分享。政府單位可整合海內外與作文教學有關的網站，進行資源分享。

六、留意課程的銜接性，加強國小作文基礎教育。「積累」是作文運材教學的重要課題，如果在國小的基礎教育階段產生問題，必定影響中學階段的學習，因此，基礎教育有加強的必要。

七、台灣地區課程標準對作文教學的相關規定，與實際教學有相當大的差距。因此，修訂課程標準應重視站在教學第一線的

老師的意見。

　　綜而言之，「運材」是寫作文章的重要環節。教師從事作文教學設計時，可自「運材」的角度切入研究與教學，變化作文課的授課方式以及學習單的內容。「作文運材教學設計」是值得研究的課題。

參 考 書 目

一、專著

㈠章法作文類

古文析義　林雲銘　廣文　1965 年 10 月再版

古書讀法略例　孫德謙　商務　1968 年 11 月台一版

評註古文讀本　林景諒　中華　1969 年 11 月台一版

讀書作文譜　唐彪　偉文　1976 年 11 月初版

文燈　蔡宗陽　國語日報　1977 年 8 月二版

古文筆法百篇　李扶九　文津　1978 年 11 月

作文能力訓練　任興聲　復文　1982 年初版

實用文章義法　謝无量　華正　1983 年 9 月初版

作文津梁　曾忠華　學人文教　1985 年 8 月初版

古代散文文體概論　陳必祥　文史哲　1987 年 10 月初版

散文鑑賞入門　魏怡　國文天地　1989 年 11 月初版

劉熙載論藝六種　徐中玉　巴蜀書社　1990 年 6 月一刷

作文命題與批改 曾忠華　師大中教輔委會 1992 年 5 月初版

陳騤文則新論　蔡宗陽　文史哲　1993 年 3 月

中國古代散文藝術　周明　教育　1994 年 12 月一刷

文學鑑賞論　劉衍文　洪葉　1995 年 9 月初版

寫作指導　劉忠惠　麗文　1996 年

作文教學指導　陳滿銘　萬卷樓　1997 年 10 月初版二刷

文學創作的理論與教學　董崇選　書林　1997 年 10 月一版

文章章法論　仇小屏　萬卷樓　1998 年 11 月

極短篇的理論與創作　張春榮　爾雅　1999 年

文章結構分析　陳滿銘　萬卷樓　1999 年 5 月初版

篇章結構類型論　仇小屏　萬卷樓　2000 年 2 月

高中作文直通車　王立昕　人民　2000 年 6 月 2 刷

章法學新裁　陳滿銘　萬卷樓　2001 年 1 月初版

初中作文直通車　張沛發　人民　2001 年 2 月一刷

小學作文教學探究　杜淑貞　文津　2001 年 3 月初版一刷

新型作文瞭望台　范曉雯等　萬卷樓　2001 年 9 月初版

作文新饗宴　張春榮　萬卷樓　2001 年 9 月初版

　　㈡ **修辭學類**

字句鍛鍊法　黃永武　洪範　1989 年 1 月六版

修辭散步　張春榮　東大　1991 年

文心雕龍與現代修辭學　沈謙　文史哲　1992 年 5 月初版

修辭學　黃慶萱　三民書局　1992 年 9 月增訂六版

創意的寫作教室　林建平　心理教育　1994 年 9 月

修辭析論　董季棠　文史哲　1994 年 10 月增訂再版

一扇文學的新窗　張春榮　爾雅　1995 年

修辭萬花筒　張春榮　駱駝　1996 年

應用修辭學　蔡宗陽　萬卷樓　2001 年

修辭新思維　張春榮　萬卷樓　2001 年

　　㈢ **教育類**

中國教育史話　褚柏思　黎明文化　1970 年 8 月初版

中學語文知識手冊　李行健　人民　1984 年

中學國文教材教法　黃錦鋐　教育文物　1984 年 6 月修訂版

中國教學法史　余書麟　國立編譯館　1987 年 2 月初版

創造思考教學之實踐　吳國民　台灣師大　1987 年 7 月

中華民國教育政策發展史　吳家瑩　五南　1990 年 3 月初版

現代課程論　鍾啟泉　五南　1990 年 5 月初版一刷

中國教育思想史　郭齊家　五南　1990 年 6 月

教育的藝術　柏拉圖　志文　1990 年 8 月再版

高中國文教學設計活路　莊銀珠　新學識　1992 年 8 月初版

教育方法論　陳峰津　三民書局　1993 年 5 月初版

教育心理學　張春興　東華書局　1993 年 9 月二十二版

學習心理學　王克先　桂冠　1995 年 3 月初版四刷

台灣、大陸、香港、新加坡四地中學語文教學論文集

　台灣師大中等教育輔導委員會主編　1995 年 5 月初版

教學設計原理　陳正昌等譯　五南　1996 年 3 月初版一刷

教國文　魏子雲　萬卷樓　1996 年 9 月初版

教學設計　張祖忻等　五南　1997 年 4 月

教育改革的民間觀點　王正彥等　業強　1997 年 5 月初版

國文教學論叢・續編　陳滿銘　萬卷樓　1998 年 3 月初版

教學心理學　李茂興譯　揚智　1998 年 6 月初版一刷

國語文教學論集　江惜美　萬卷樓　1998 年 8 月初版

多元智慧的教與學　郭俊賢　遠流　1999 年二版

各國課程比較研究　張文軍譯　揚智　1999 年 2 月初版一刷

課程與教學研究　方德隆　復文圖書　1999 年 6 月初版一刷

高中作文題典　孫宏杰　江蘇人民　1999 年 8 月

初中作文模式　龔惠林　社會科學文獻　1999 年 9 月一刷

尋找課程與教學的知識基礎　黃顯華　中文大學　2000 年

語文教學論叢　黃錦鈜　法嚴　2000 年 1 月初版

不一樣的教室　王淑芬　天衛　2000 年 10 月初版九刷

中外語文教育比較研究　張承明　雲南教育　2000 年 10 月 1 刷

課程改革實驗　蔡清田　五南　2001 年 1 月初版一刷

語文教學情境論　韋志成　廣西教育　2001 年 1 月 4 刷

學習革命　林麗寬譯　中國生產力　2001 年 2 月 1 日八刷

教學原理與設計　沈翠蓮　五南　2001 年 9 月初版一刷

質性教育研究　徐宗國譯　巨流　2001 年 9 月

　　㈣其他

中國歷代人物評傳　劉子清　黎明　1979 年 9 月三版

唐詩鑑賞　蕭滌非　五南　1980 年 9 月初版

中國歷代文論選　郭紹虞　上海古籍　1984 年 2 月 6 刷

古琴絃音　卓芬玲　希代　1984 年 6 月初版

中國樂器學　鄭德淵　生韻　1984 年 7 月初版

民族器樂概論　高厚永　丹青　1988 年再版

青少年詩話　蕭蕭　爾雅　1989 年 1 月 1 日初版

歷代名作家傳　陳春城　河畔　1990 年 5 月

春秋左傳注　楊作峻　洪葉　1993 年 5 月初版一刷

漢魏六朝樂府詩　王運熙　萬卷樓　1993 年 7 月初版二刷

文學與美學　龔鵬程　業強　1995 年元月修訂版

生肖與童年　小民　三民　1996 年 5 月初版

行動研究方法導論　夏林清　遠流　1997 年初版

兒童文學綜論　李慕如　復文　1998 年 9 月

現代散文　鄭明娳　三民　1999 年初版

創意激盪　黃炎媛　天下遠見　1999 年 3 月一版

中國詩歌藝術研究　袁行霈　五南　1999 年 5 月初版三刷

八音的世界　林谷芳　雄獅　1999 年 7 月再版三刷

中國文學與美學　蔡宗陽　五南圖書　2000 年

研讀書會專業手冊　邱天助　張老師　2000 年 12 月初版十五刷

兒童文學工作者訪問稿　林文寶　萬卷樓　2001 年 6 月初版

高中國文學科能力　李靜修　晟景　2002 年 6 月
測驗的策略

二、論文

(一)學位論文

中國兒童文學研究　雷僑雲　國立台灣師範大學國文研究所博士
　論文　1988 年 6 月

台灣地區國小作文教學觀念演變之研究　黃尤君　台東師範學院
　國民教育研究所碩士論文　1996 年 6 月

中國辭章章法析論　仇小屏　國立台灣師範大學國文研究所碩士
　論文　1997 年 5 月

國中電腦科 Web 學習環境的設計與發展　吳筱菁　國立台灣師
　範大學資訊教育研究所碩士論文　1997 年 7 月

文章賓主法析論　夏薇薇　國立台灣師範大學國文研究所碩士論
　文　2000 年 5 月

虛實章法析論　陳佳君　國立台灣師範大學國文研究所碩士論文

2001 年 5 月

引導兒童作文教學之探究　陳宇詮　國立台北師範學院課程與教
學研究所碩士論文　2001 年 6 月

㈡期刊、研究報告

近四十年來我國高中高職國文教材教法的回顧與展望　黃錦鋐
教育資料集刊第十五輯　1980 年 6 月

三十年來作文教學參考書目舉要　賴慶雄　華文世界第四卷第四
期　1985 年 7 月

國民中學國語文教材教法專案研究　師大國文系編　教育部社會
教育司委託　1990 年 6 月

陋室銘篇章結構探析 林璟薇　國立台灣師範大學國文教學專題
報告　1990 年 8 月

台、港兩地中學語文教材比較舉隅　范文芳　國文天地第七卷第
七期　1991 年 12 月

問答台　王義明　語文教學通訊第一六八期　1993 年

作文教學的新觀念　賴慶雄　華文世界第七十四期　1994 年 12
月

學前至高中階段課程與教材的主要問題　陳伯璋、林山太 行政
院教育改革審議委員會　1996 年 12 月

課程改革　曹亮吉、周麗玉　行政院教育改革審議委員會　1996
年 12 月

語文表達能力測驗研究資料　大學入學考試中心　1996 年

國文科新課程標準　台灣省台北縣區高級中學八十六學年度國文
科新課程標準專業知能研討會參考資料　1998 年

有海闊天空的老師，才有海闊天空的未來　殷允芃　天下雜誌　1998 年

台灣地區寫作及其教學研究的回顧與展望　鄭博真　民國以來國民小學語文課程教材教法學術研討會論文集　國立新竹師範學院語文教育學系　1999 年

談賓主法在文章章法中的運用　黃惠暖　國立台灣師範大學國文教學專題報告　1999 年 8 月

桃花源記之寓意及篇章結構分析　吳家宜　國立台灣師範大學國文研究所國文教學專題研究報告　2000 年 8 月

木蘭詩探析　郭慧華　國立台灣師範大學國文研究所國文教學專題研究報告　2000 年 8 月

語文表達能力測驗－大學入學考試的新神主牌？　林繼生　國文天地　第十六卷第八期　2001 年 1 月

非傳統作文命題探析　仇小屏　國立台灣師範大學研究報告　2001 年

國小中高年級作文教學法 江惜美　語文教育通訊 第二十二期

鄭愁予〈厝骨塔〉與鄒敦伶〈同學會〉——兼談改寫　張春榮　國文天地　第十七卷第十期　2002 年 3 月

望向創作與學術的天空　張春榮　國文天地　第十七卷第十一期　2002 年 4 月

擴寫與創造性思考　張春榮　國文天地　第十八卷第一期　2002 年 6 月

　　㈢、**報紙**

〈寄語祝福給受災小朋友〉，《國語日報》第三版資訊版，1999

年10月7日星期四。

廖輝英：〈抽煙的少女〉，《國語日報》第五版，1999年11月5日星期五。

〈審慎設計學習單〉，《中國時報》第十五版，2001年1月7日星期一。

向明：〈你所知道的媽媽們〉，《自由時報》副刊，2001年11月14日星期三。

胡晴舫：〈流行〉，《自由時報》副刊，2001年11月29日星期四。

余秋雨：〈大雪小村〉，《中國時報》人間副刊，2001年11月29日星期四。

〈最遲96年，國中小每班35人〉，《聯合報》第六版，2001年12月23日星期日。

〈高一、二不分組94學年實施〉，《聯合報》第六版，2002年1月3日星期四。

〈高中課程再翻修〉，《中國時報》第十三版，2002年1月3日星期四。

〈清大搶救學生作文大作戰〉，《中時晚報》第七版，2002年1月10日星期四。

附　錄

作文教學意見調查表

各位老師您好：

　　首先感謝您對教育的奉獻！

　　由於拙著之碩士論文，涉及作文教學，在此懇請站在教學第一線的您，完成此份意見調查。我會珍惜您所提供的寶貴意見，並納入論文中，希望藉此幫助更多有心的教育工作者。

　　本人再次感謝您的協助！謝謝大家！

.劉寶珠

※填寫說明：

1.請在合適的方格內打∨。

2.開放式問題，如有不便回答之處，可以留白。

3.深深感念您的大德，祝福您任教愉快！

1. 您所任教的對象是（可複選）：□高中生　　□國中生
　　□其他 _____

2. 您喜歡指導學生上作文課嗎?
　　□極喜歡　　□喜歡　　□普通　　□不喜歡　　□非常不喜歡

3. 當您指導學生上作文課時，經常使用的方式是(可複選):
　　□在黑板上寫一個題目，不做任何指引，由學生自由發揮.
　　□在黑板上寫一個題目，略加指引之後，由學生自由發揮.
　　□在黑板上寫幾個題目，不做任何指引，由學生自由選題發揮.

□在黑板上寫幾個題目，略加指引之後，由學生自由選題發揮.

□其他 _____

4. 您選擇上述方式的原因是 _____

5. 如果您在作文方面，運用過一些特殊教學法，您的方法是：

_____

6. 實施作文教學時，您感到的困難是(可複選)：

□學生學習態度不佳.

□學生應用書寫工具的能力差.

□學生寫作文章，使用的詞彙太少.

□學生作文表達能力不佳.

□學生寫作文章，經常語意不清.

□學生寫作文章，內容乏善可陳.

□教師對自我從事作文教學能力感到不足.

□批改作文費時太多.

□缺乏教師作文指導手冊.

□學生害怕作文.

□學生缺乏寫作興趣.

□學生寫作文章，缺乏創造思考能力.

□教學時數不足.

□其他 _____

7. 您最想獲得的作文指導技巧是(可複選)：

□命題　□取材與運材　□把握文章要點

□各類題材寫作要領　□布局　□修辭　□各類文體寫作要領

□擬定大綱　□文法　□開頭　□結尾　□標點符號

□打草稿　□批改　□其他 _____

8. 您曾經運用過以下的方式指導學生作文(可複選)：

　□擴充　□濃縮　□仿寫　□改寫　□組合　□閱讀心得

　□設定情境　□日記　□續寫　□引導式　□看圖作文

　□其他 _____

9. 在您的教學過程中，您認為學生需要寫日記嗎？

　□需要　□不需要　□可有可無　□其他 _____

10. 在您的教學過程中，安排過以下活動，並要求學生記錄心得

　(可複選)：

　□旅行　□參觀訪問　□影片欣賞　□校園散步

　□聆聽演講　□其他 _____

11. 如果您做過影片欣賞，您所放映過的影片是： _____

12. 如果您做過參觀訪問，您所參訪的地點或對象是： _____

13. 您想對當前的作文教學，提出的建議是： _____

_____

_____

再次感謝您所提供的寶貴意見！

國家圖書館出版品預行編目資料

習作新視窗／劉寶珠著.--初版.--臺北市：萬卷
樓, 民91
面；　　公分
參考書目：面
ISBN 957-739-419-1(平裝)

1 中國語言－作文 2.中等教育－教學法

524.313　　　　　　　　　　91022133

習作新視窗

著　　　者：劉寶珠
發　行　人：楊愛民
出　版　者：萬卷樓圖書股份有限公司
　　　　　　臺北市羅斯福路二段 41 號 6 樓之 3
　　　　　　電話(02)23216565・23952992
　　　　　　FAX(02)23944113
　　　　　　劃撥帳號 15624015
出版登記證：新聞局局版臺業字第 5655 號
網　　　址：http://www.wanjuan.com.tw
E - m a i l：wanjuan@tpts5.seed.net.tw
經 銷 代 理：紅螞蟻圖書有限公司
　　　　　　臺北市內湖區舊宗路二段 121 巷 28 號 4F
　　　　　　電話(02)27953656(代表號)　傳真 (02)27954100
E - m a i l：red0511@ms51.hinet.net
承 印 廠 商：晟齊實業有限公司
定　　　價：260 元
出 版 日 期：民國 91 年 12 月初版

（如有缺頁或破損，請寄回本公司更換，謝謝）
◎版權所有　翻印必究◎
ISBN 957－739－419－1